새로움이란
헤어짐입니다.

오늘 새로운
나와의 만남은

어제 굳어진
나와의 이별입니다.

구겨진 감정의 해방 레시피

마음 기지개

초판 1쇄 인쇄　2024년 11월 04일
초판 1쇄 발행　2024년 11월 22일

신고번호　제313-2010-376호
등록번호　105-91-58839

지은이　장훈

발행처　보민출판사
발행인　김국환
기획　김선희
편집　조예슬
디자인　김민정

주소　경기도 파주시 해올로 11, 우미린더퍼스트@ 상가 2동 109호
전화　070-8615-7449
사이트　www.bominbook.com

ISBN　979-11-6957-249-1　03810

- 가격은 뒤표지에 있으며, 파본은 구입하신 서점에서 교환해드립니다.
- 이 책은 저작권법에 의하여 보호를 받는 저작물이므로 무단 전재와 복사를 금합니다.

구겨진 감정의 해방 레시피

마음 기지개

장훈 에세이

이 책은 우리에게 삶의 새로운 길을 보여주고
우리 자신의 아픔을 마주할 용기를 준다.

추천사

작가 장훈의 책 『마음 기지개』는 단순한 에세이가 아니다. 이 책은 우리의 일상 속에서 마주하는 복잡한 감정들에 대해 작가가 던지는 깊이 있는 통찰이다. 장훈 작가는 이 책을 통해 독자들에게, 억눌려 있던 감정들을 있는 그대로 바라보고 해방할 수 있는 길을 제시하고자 한다. 그의 메시지는 감정의 주름을 부정하거나 억누르기보다, 그 속에 깃든 삶의 무게를 인정하고, 다시금 스스로를 치유하는 과정에 있다.

Chapter 1. '멈추고, 새로고침'에서 작가는 우리가 멈춤을 통해 새로운 시작을 할 수 있다는 것을 이야기한다. 바쁘게만 살아가는 현대인들에게, 멈춤은 곧 실패나 좌절로 여겨지기도 하지만, 장훈은 그 멈춤 속에서 자신의 감정을 직면하고 다시 새로이 고침을 눌러야 한다고 말한다. "괜찮지 않아도 괜찮다"는 메시지 속에는 우리 모두가 완벽하지 않다는 위로가 담겨 있다. 이는 독자들에게 삶의 피로와 무게를 잠시 내려놓고, 자신을 돌아보는 시간을 권하는 작가의 깊은 배려다.

Chapter 2. '너와 나 그 사이'에서는 인간관계 속에서 발생하는 갈등과 오해를 다룬다. 장훈은 그 사이에 존재하는 미묘한 감정들을 자연스럽게 풀어내며, 인간관계의 복잡함을 인정하고 받아들이도록 독자를 이끈다. 작가는 우리가 타인과의 갈등 속에서 너무나 쉽게 상처받고, 그 상처들이 흔적으로 남는다는 것을 직시하며, 그러한 순간들도 결국 우리를 더 빛나게 하는 과정임을 상기시킨다.

이 책의 중심에는 '다름'과 '상처'라는 키워드가 자리 잡고 있다. Chapter 3. '다름이라는 무지개'에서는 각자의 차이를 인정하고 그것을 껴안는 법을 이야기하며, 다름 속에서 발견할 수 있는 삶의 깊이를 강조한다. Chapter 4. '마음의 주름도 아름답다'는 우리의 마음에 남은 상처가 단지 아픔이 아니라 우리를 더 단단하게 만들어 가는 자양분임을 설득력 있게 전달한다.

Chapter 5. '우리가 다시 마주할 때'에서는 인생의 여정 끝에서 다시금 나를 마주하고, 그동안 잃어버린 나 자신과 재회할 수 있는 시간을 이야기한다. 이는 독자들에게 궁극적인 치유와 성장을 약속하며, 삶의 무수한 순간들이 결국 나를 더 풍요롭게 만든다는 깊은 깨달음을 전한다.

장훈 작가의 섬세한 문장은 감정을 정리하거나 평가하지 않고, 있는 그대로 수용하게 만든다. 작가의 메시지는 우리 삶에서 흔히 느끼는 감정들을 무시하거나 외면하지 말고, 정면으로 바라보고 마주할 용기를 주려는 것이다. 이 책을 통해 독자들은 자신이 느끼는 감정들을 더 깊이 이해하고, 그 속에서 자유로워질 수 있는 길을 찾을 것이다. 단순한 위로 받음을 넘어, 감정 해방을 위한 레시피를 독자들은 찾을 수 있을 것이다. 숨을 한 번 고르고 마음을 열어 크게 한 번 기지개를 켜보자.

2024년 10월
편집위원 **김선희**

프롤로그

이 책은 마음이 먹먹한 누군가에게 삶의 환기가 되고,
마음의 어느 구겨진 감정에 대한 기억을 다시 펴나가는
작은 나침반이다. 급하지 않게 천천히. 그리고 느려도 좋다.

빠른 속독이 아닌 느린 숙독으로 오랜 시간이 걸려도 좋다.
완독도 좋지만 살아가며 마음에 짐이 무거울 때마다
하나씩 꺼내어 가볍게 읽어주는 다독이길 바란다.

처음부터 읽지 않아도 상관없다.

살다가 어느 순간 마음이 젖어버릴 때마다
그냥 아무 페이지를 펼쳐서 몇 줄만 읽어도 상관없다.

이 이야기는 지식의 전달이 아닌 지혜의 전이가 되기를
바라는 마음으로 오랜 시간 울었던 기억을 담았다.
이 책이 당신의 마음에 숨이 되고 눅눅한 생각과
감정들을 가져가 버리는 바람이 되었으면 좋겠다.

"바람이 분다. 살아야겠다."
어느 작가의 절실함의 확장이 당신에게 있기를 바라본다.

목차

추천사 • 4
프롤로그 • 7

Chapter 1.
멈추고, 새로고침

쉼표 하나로도 충분하다 • 14
남의 인생 살지 않기 • 22
괜찮다는 미소의 무게 • 29
괜찮지 않아도 괜찮다 • 36
위대한 개츠비의 한숨 • 44
마음을 위한 처방전 • 51

Chapter 2.

너와 나 그 사이

    어차피 가위바위보 • 60

    너를 향한 짧은 한숨 • 67

    전쟁이 슬픈 이유 • 76

    마음의 모서리에 스치다 • 84

    상처가 남긴 흔적들 • 91

    혼자서도 충분히 빛나는 순간들 • 97

Chapter 3.

다름이라는 무지개

    여름만 사는 벌레 • 106

    감싸 안는 시간의 무게 • 113

    다름을 껴안는 법 • 120

    차이 속에 담긴 깊이 • 127

    모든 이해는 오해였다 • 134

    오리는 물로 꿩은 산으로 • 141

Chapter 4.

마음의 주름도 아름답다

구겨진 마음, 그 속의 온기 • 148

마음의 굴곡이 빚어낸 고운 나 • 155

상처, 그 시간의 향기 • 161

굳어진 마음 근육 풀기 • 166

상처라는 자양분 • 173

상실의 학교 • 181

Chapter 5.

우리가 다시 마주할 때

행복하고 싶은가? • 190

바다는 비에 젖지 않는다 • 198

인생은 먼 길 걷기 • 203

겨울은 봄을 이기지 못한다 • 208

깊어진 마음 넓어진 시선 • 214

잃어버린 나를 마주하다 • 220

못다 한 말 • 225

Chapter 1

멈추고, 새로고침

🍃 쉼표 하나로도 충분하다

나의 마음이 내게서 멀리 떠나버린 것, 그것이 바로 우울이다.

우울이란 살면서 크고 작은 상처로 내 마음이 제 자리를 지키지 못하고 어디론가 흩어진 상태를 말한다. 그래서 매일 나의 마음을 다독이고 내 마음의 위치를 점검하고, 어떤 상황에도 나의 마음이 나를 떠나지 않고 건강히 머물 수 있도록 해야 한다.

나를 지킬 수 있는 것은 오직 나 자신이기 때문이다. 삶의 탁한 생각으로 가득 찰 때는 마음을 환기하고, 생각이 먹먹함으로 물들 때는 그 마음의 때를 헹구어 내야 한다.

이 시대는 마음 감기에 시달리는 사람들이 많다. 감기를 넘어서 몸살을 앓고 산다. 한국인처럼 열심인 나라가 있을까? 우리는 무슨 일이든 열심히 해야만 직성이 풀리고, 끝까지 가야 비로소 안도한다. 우리는 '열심'이라는 단어를 그 어떤 언어보다 진하게 살아낸다. 그런데 한 가지 잊지 말아야 할 것이 있다.

활활 타오르는 모닥불이 남긴 재는, 더 차갑고 더 많이 쌓인다는 것이다. 아무리 열심히 달리고 또 달렸어도, 남은 것은 그저 마음에 쌓인 재일 때가 많다. 우리는 너무 열심히만 달리다가, 어느 순간 마음을 잃고 만다. 끝을 향해 가는 동안 내 마음은 점점 뒤로 남겨지는데, 우리는 그것을 깨닫지 못한 채 발걸음을 멈추지 않는다.

중요한 것은, 마음이 함께 있어야만 그 길이 의미 있다는 사실이다. 마음이 없는 열심에는 결국 재만 남을 뿐이다. 열심히 달린 끝에 남은 것은 잿더미 같은 피로감과 허무함일 뿐, 그 속에 나의 진짜 마음은 없다. 그렇게 나의 마음은 내게서 멀어져 간다.

여기 한 이야기가 있다.

어느 지혜로운 왕 앞에 한 젊은 청년이 찾아와 인생에서 성공하는 방법을 물었다. 왕은 잠시 생각에 잠기더니, 곁에 있던 신하에게 명령을 내렸다. 신하는 한 손에 물을 가득 담은 잔을 청년에게 건네주었고, 또 다른 손으로는 날카로운 칼을 들고 있었다. 왕은 말했다.

"이 청년이 이 물잔을 들고 마을을 한 바퀴 돌 것이다! 단, 물이 한 방울이라도 잔에서 떨어진다면 즉시 목을 베어라!" 청년은 그 말을 듣고 공포에 사로잡혔다. 그러나 물러설 곳이 없었다. 그는 떨리는 손으로 물잔을 들고, 마을을 향해 한 발짝 내디뎠다.

심장이 두근거리고, 손은 땀으로 미끄러웠지만, 그는 오직 물이 잔에서 넘치지 않도록, 한 방울도 떨어지지 않도록, 온 힘을 다해 한 걸음 한 걸음 조심스럽게 움직였다.

청년은 그야말로 목숨을 건 집중을 하며 마을을 돌았다. 마침내 왕 앞에 다시 도착했을 때, 그는 지친 몸과 마음으로 주저앉아 눈물을 쏟았다. 왕은 그 청년을 바라보며 조용히 말했다.

"네가 인생에서 성공하고 싶으냐? 네가 지킨 잔은 곧 생명이었다. 인생에서도 그렇게 온 힘을 다해 집중하며 산다면 네 뜻을 이룰 것이다. 하지만 인생은 성공보다 생명이 더 중요하다는 것을 잊지 말라."

마치 이 청년의 모습은 우리와도 같다.
성공의 정체성을 모른 채, 성공해야 한다는 강박 속에서 우리 삶은 집중을 넘어 초인적으로 걸어왔다. 그러나 그 끝에 남은 것은 무엇이었을까? 내가 든 잔을 넘치게 하지 말아야 나는 살 수 있다는 생존의 두려움과 집념으로만 살지 않았는가?

생명을 위해 걷는 것이 아닌 생존을 위해 걷고 있지 않았는가? 왜 성공해야 하는지, 무엇을 위해서 걷고 있는지를 깊이 생각해야 한다. 희망이 없는 것보다 위험한 것은 방향성을 잃은 희망이다.

너무 숨 가쁘게 달렸다. 우리는 자신의 기대와 타인의 바람을 충족시키기 위해, 나 자신에게 무언가를 증명하려는 마음에 온 힘을 다해 달려왔다. 매 순간을 하얗게 불태우며 과도하게 집중했다.

한국에는 태어난 아이를 향한 독특한 문화가 있다. 바로 아이 첫 생일날 '돌잡이'라는 문화다. 아무것도 모르는 아기 앞에 어른들은 돈, 연필, 청진기 같은 상징적인 물건들을 놓고 아이의 미래를 점친다. 어릴 적부터 우리는 그런 소유의 방식을 배우며 살아왔다.

하지만, 너무 많은 것을 잡으려다 보니 정작 중요한 것들을 놓치며 살게 되었다. 우리는 너무 많은 것을 잡고 사느라, 지금의 순간을 놓치고 사는지도 모른다.

돌잡이에 꼭 돈이나 청진기 같은 것들을 올려놓아야 할까? 아름다운 꽃 한 송이나 아빠, 엄마의 웃는 환한 얼굴의 사진이나 예쁜 동화책을 올려놓은 부모가 되면 어떨까? 물질의 추구보다는 존재의 아름다움이 되기를 바라는 마음에서 말이다.

청년이 물잔을 들고 마을을 돌았던 그 집중, 그 무게감은 어쩌면 우리가 살아온 삶과 닮았다. 우리는 언제나 무엇인가를 잡고 놓지 않기 위해 애쓰며 살아왔다. 그러나 이제는, 우리가 진정으로 놓치고 있는 것이 무엇인지 돌아볼 때가 아닐까?

무언가를 잡기 위해 달려왔던 그 손을, 이제는 잠시 놓아보자. 그리고 비워진 손으로, 비로소 진정한 행복과 평온을 잡을 수 있기를. 우리는 너무 많은 것을 놓치며 살아왔지만, 이제는 더 이상 중요한 것들을 놓치지 않기를 바란다. 그저 성공을 향해 달려가는 것이 아닌, 우리 삶의 진정한 의미와 가치를 발견하며 살아야 한다.

쉼표, 그것은 아주 작은 기호다. 그러나 이 작은 기호의 역할은 절대로 작지 않다. 쉼표는 문장을 분리하고, 읽는 이로 하여금 숨을 고르게 한다. 쉼표가 없다면, 문장은 끝도 없이 이어지다 결국 무너지게 된다. 우리의 삶에도 이런 쉼표가 필요하다. 이 쉼표는 우리가 매일

매일의 분주한 삶 속에서 잠시 멈추고, 자신을 돌아볼 수 있게 해주는 소중한 시간이다.

우리의 쉼표는 과연 어디에 있을까? 어쩌면 우리는 쉼표 대신 끊임없는 물음표 속에 갇혀 살아가고 있는 건 아닐까? "어떻게 하면 성공할 수 있을까?", "어떻게 하면 돈을 잘 벌 수 있을까?", "어떻게 하면 유명해질 수 있을까?" 우리 삶은 끝없이 이어지는 물음표들로 가득 차 있다.

지구상에서 가장 바쁜 존재가 있다면, 그것은 바로 인류일 것이다. 우리는 끊임없이 발전하고, 성장하고, 투자하며, 극복해야만 한다고 믿는다. 전 인류가 그 믿음에 열광하며 살아간다. SNS나 미디어에는 온통 성공의 법칙으로 가득 찬 콘텐츠들이 넘쳐난다. 이 사회는 우리에게 쉼 없이 달려야 한다고, 멈추는 순간 뒤처질 것이라고 끊임없이 속삭인다.

그런데 우리 손에 들고 있는 물잔은 과연 무엇일까? 우리는 그 물잔을 두려워하고 있지는 않은가? 그 물잔만이 내 생존이라고 생각하며 전부를 걸고 살고 있지 않은가? 마치 잔에 담긴 물 한 방울이라도 흘리면 내 전부가 끝날 것 같은 두려움으로 말이다.

그러나 다시 생각해 보자. 우리는 깊은 생각과 넓은 사유를 거부하고, 오직 생존에만, 오직 성공에만 모든 감각을 쏟아붓고 있지는 않은가?

이제 과감하게 그 물잔을 쏟아볼 때다. 잔을 비우고, 두려움을 내려놓고, 우리의 삶 속에서 진정한 쉼표를 찾아야 한다. 물음표로 가득 찬 삶이 아닌, 쉼표로 숨을 고를 수 있는 삶을 찾아야 한다. 그 쉼표는 우리의 삶을 더 깊이 이해하고, 더 진정한 행복을 찾을 수 있는 시간을 줄 것이다. 이제 물음표를 쉼표로 바꾸어 보자. 그 쉼표가 우리에게 어떤 새로운 길을 열어줄지, 그 가능성에 마음을 열어보자. 그리고 다음은 숨표이다.

자! 이제 숨을 크게 쉬어보자!

마음 기지개

지나친 추구는 자신도 모르게
추구의 대상 안에 갇히게 됩니다.
목적에 잡아먹히지 않는 법은
올바른 방향 틀기입니다.

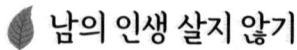 남의 인생 살지 않기

한국에는 독특한 관계성을 담은 단어가 있다. 우리 문화에 깊이 배어 있어, 외국인들에게는 이해하기 어려운 그것, 바로 '눈치'다. 외국인들에게만 어려운 걸까? 사실 우리 자신에게도 '눈치'를 설명하라고 하면 길고 복잡한 이야기가 될 수밖에 없다.

유일하게 한국에서만 존재하는 특별한 밥이 있다. 바로 '눈칫밥'이다. 어떤 외국인들은 한국 문화를 이해하기 위한 필독서로 '눈치'에 대한 책을 추천한다고 한다. 도대체 눈치란 무엇일까? 우리가 매일 마주하고, 거의 무의식적으로 우리 삶에 자리 잡은 이 불편한 친구를 어떻게 정의해야 할까?

'눈치'는 어쩌면 '남의 인생을 살아주는 것'이 아닐까? "넌 왜 그렇게 눈치가 없니?", "걔는 정말 눈치가 없더라.", "눈치 좀 챙겨!" 우리는 이런 말들을 심심치 않게 듣고 살아왔다. 이 말들은 결국 우리에게 무엇을 요구하는 것일까? 그것은 공동체 안에서 분위기를 맞추라는 것이다. 자신의 의견을 소신껏 말하지 못하고, 상사의 주장에 순응하며 그저 맞추라고 한다.

눈치는 한국인의 초능력이라며, 눈치 빠른 사람이 똑똑한 사람보다 더 성공할 수 있다는 씁쓸한 농담도 있다. 그렇다. 우리는 그렇게 상황과 분위기라는 힘에 끌려다니며 눈치라는 초능력을 보이며 살아왔다. 하지만 그 결과는 행복이었을까?

'눈치'라고 쓰고, '생존'이라고 읽고 싶다. 눈치와 밥이 합쳐져 눈칫밥이 되었다는 것은 곧 생존을 의미한다. 밥을 먹어야만 살 수 있으니까. 집에서도 눈치, 회사에서도 눈치, 친구들 사이에서도 눈치, 많은 곳에서 우리는 눈치를 보며 살아왔다.

그렇다. 생존은 잘해왔지만, 그 과정에서 우리의 생명력은 점점 시들어 갔다. 우리는 생존을 위해 살았지만, 그 과정에서 '나'라는 존재는 희미해지고, 그저 남들만 남게 되었다. 무엇을 위해 살아왔던가? 나를 위해 살지 못하고, 남의 인생을 대신 살아주며 시간을 보냈다.

이제 그런 밥은 단식해도 되지 않을까? 남은 인생을 생존만을 위해 살 것인가? 아니면 진정한 생명을 위해 살 것인가? 단지 밥만 먹고 살아가면 그만이라는 생각이라면 할 말은 없다. 그러나 만약 나의 일생이 그렇게 물질적인 존재로 끝나간다면, 너무 서글프지 않나? 인간은 단순히 부품처럼 내던져질 수 없는 존재다. 자신의 행복한 가치관과 삶을 위해 깊은 사유함이 없다면 그저 생존에 필요한 부품이나 다름없다.

이제 나를 좀 더 존중하고, 아껴주어야 한다. 남의 눈치는 그렇게 잘 살피면서, 왜 자신의 눈치는 보지 않는가? 이제 그 예민하고, 초능력과도 같은 감각을 나에게로 돌려보자. 그동안 놓쳐왔던 것이 무엇이었는지, 남들의 시선이 두려워 감추어 두었던 것은 무엇이었는지, 이제는 내 삶의 방향을 돌이키자. '남의 인생을 살지 말라'는 말은 나 자신에게 더욱 신중한 사랑을 흘려보내라는 말이다.

나의 삶의 에너지를 남에게만 쏟아붓는다면, 결국 나는 소진되고 탈진하게 된다. 이제 나의 감정 에너지를 나에게로 돌려보자. 나를 더 안아주고, 나에게 더 친절해지자. 나를 외롭게 두지 말자. 나를 더 허락하고 포용할 수 있는 넉넉함을 가져보자.

또 우리 삶에서 흔히 저지르는 실수 중 하나는 남의 인생과 나의 인생을 비교하는 것이다. 비교는 나를 파멸에 이르게 하는 맹독과도 같아 사람의 마음을 서서히 병들게 하고, 그 끝은 언제나 고통으로 이어진다. 우리는 하루에도 수없이 SNS 속에서 반짝이는 남들의 일상을 마주한다. 그 화려한 순간들이 우리의 눈을 사로잡고, 나도 저렇게 살고 싶다는 욕망을 불러일으킨다. 더 잘나가는 사람, 더 멋진 삶을 살고 있는 사람들을 보며, 그들의 인생을 닮아가려 할 때, 자신의 고유한 색깔을 잃어버리기 쉽다. 비교라는 늪에 빠질수록 내 삶은 점점 흐려지고, 자신만의 고유한 빛을 잃게 된다. 남의 인생을 따라가려는 그 순간, 어느새 진정한 나 자신은 잃어버리게 된다.

한국은 유독 유행에 민감한 사회다. 나라 전체가 백의민족이라는 이름으로 흰옷을 입고 살아온 전통은, 통일성이나 일치에 대한 강한 민감성을 잘 보여준다. 한 예로 청소년들이 한 시즌에 유행하는 점퍼를 너나 나나 할 것 없이 입고 다녔는데, 그 결과 학교 체육 시간 옷을 갈아입을 때면 모두가 같은 스타일의 점퍼를 입고 있어서 자기 옷들을 찾지 못하는 우스꽝스러운 일들이 벌어지곤 한다.

그런데, 이건 단지 아이들만의 이야기가 아니다. 우리 성인들 역시 하나의 대유행이나 추세를 놓칠세라 따라가며, 이 과정에서 포모(FOMO/fear of missing out, 유행을 못 따라가는 것에 대한 위축 심리, 소외되는 것에 대한 불안감) 증후군의 감정에 빠져든다. 즉 놓치고 싶지 않은 두려움은 '나만 그 유행에 동참하지 못하는 건 아닐까?', '나만 뒤처지는 건 아닐까?'라는 불안에서 비롯된다. 이 두려움은 공포로, 공포는 좌절로, 그리고 그 좌절은 결국 우울감으로 우리를 짓누르기도 한다.

이제 그만하자. 지금부터 내 삶을 소소한 행복으로 데려가 보자. 내가 진정으로 원하는 것과 타인이 내게 기대하는 것을 구분하고, 무엇이 오늘 나에게 의미 있는 것인지 생각하자. 그리고 타인의 시선과 유행에 맞춘 삶이 아니라 자신의 삶을 살아가자.

결국, 우리는 유행이라는 강력한 흐름 속에서도 나 자신을 잃지 않고, 내면의 목소리에 귀 기울일 때 비로소 진정한 만족과 행복을 찾을 수 있다. 유행을 따라가는 것보다 중요한 것은, 그 속에서 나만의 색깔과 길을 찾아가는 것이다.

남의 인생에서 나의 인생으로 전환하겠다는 생각의 순간, 이미 나는 내 인생을 살기 시작한 것이다. 생각과 사유, 그리고 다짐은 매우 중요하다. 타인의 눈치를 살피는 것이 초능력이 아니다. 이제는 나를 사랑하는 포용력으로 살아가자. 자신의 인생을 더 이상 남에게 내던지지 말자.

 '눈치'라는 틀에 갇혀 남의 인생을 살지 말고, 나만의 인생을 살아가자. 그 순간 비로소 진정한 '나'를 발견하게 될 것이다. 이제 눈칫밥 말고 눈치 따윈 밥 말아 먹어 버리자.

마음 기지개

단념은 전념을 위한 알리바이입니다.
최소한 줄이면 최대한 행복해지고
불순을 빼기 하면 선명한 내가 남습니다.
자유가 됩시다.

괜찮다는 미소의 무게

우리는 살아가며 수많은 미소를 띠고 산다. 하지만 그 미소가 진심일 때도 있고, 그렇지 않을 때도 있다. 가끔은 '괜찮다'는 말로 미소를 지을 때, 그 미소가 얼마나 무거운 짐이 되는지 모른다. 현대 사회에서는 이런 상황을 흔히 '스마일 마스크 증후군'이라고 부른다.

표면적으로는 웃고 있지만, 내면은 우울감과 절망으로 가득 찬 상태다. 특히 사람을 상대하는 서비스 업종이나 연예인처럼 대중의 시선을 받으며 살아가는 이들에게 많이 나타난다. 마치 웃고 있는 피에로 인형처럼, 상황과 상관없이 감정과 표정이 불일치하는 상태에 빠진다.

이들은 어떤 상황에서도 늘 웃어야 한다. 주변 사람들은 그들의 미소에 칭찬을 보내고, 그 기대에 부응하기 위해 더더욱 웃게 된다. 하지만 그 미소가 점차 짐이 된다. 마음 깊은 곳에서는 울고 싶어도, 분노하고 싶어도, 슬퍼할 수 없다는 압박이 점점 더 크게 다가온다. 그렇게 쌓여가는 무언의 부담 속에서 자신의 진짜 감정을 억누르며 살아간다.

어쩌면 "웃는 얼굴에 침 못 뱉는다"라는 말로 방어 기제를 삼는 건 아닐까? 우리는 사회에서 웃는 얼굴로 관계를 방어한다. 미소는 이제 단순히 감정의 표현이 아니라, 나를 보호하고 꾸미는 도구로 사용된다. 이런 이유로 현대인은 감정의 진실성보다 표면적으로 보이는 미소를 중시하는 시대를 살고 있다.

우리는 언제부터 미소를 '감정의 표현'이 아닌 '생존의 도구'로 사용하기 시작했을까? 그것은 우리가 점점 사회적 기대와 이미지에 얽매이면서부터다. 이제 미소는 나의 감정을 반영하는 자연스러운 표현이 아니라, 나를 지키고 감추기 위한 방패가 되어버렸다. 사람들은 '웃는 얼굴'로 타인의 기대에 부응하고, 비판을 피하려 한다. 그러나 그 미소가 계속되면 마음속 감정은 점차 잃어버리고, 진정한 웃음마저 사라진다.

이런 이야기가 있다. 한 정신과 의사에게 우울증을 호소하는 환자가 찾아와 자신의 괴로움을 털어놓았다. 그러자 의사는 이렇게 말했다. "기분 전환을 해보세요. 유명한 개그맨이 공연을 한다던데, 한번 보러 가는 게 어때요?" 그러자 환자는 이렇게 대답했다.

"그 개그맨이 바로 저예요."

이 이야기는 겉으로 웃고 있는 사람조차 내면 깊은 곳에서 얼마나 많은 고통을 감추고 있는지 보여준다. 웃음은 모든 문제를 덮을 수 없고, 때로는 그 미소가 더 큰 무게로 다가와 마음을 짓누르기도 한다.

삶의 무게가 없는 사람은 없다. 하지만 그 무게를 계속 지고 갈 필요는 없다. 우리에게 더 중요한 것은 바로 '나 자신'이다. 내가 짊어진 짐보다, 나 자신이 더 소중하다. 우리는 종종 자신을 돌보지 않고, 사회적 역할이나 기대에만 부응하려고 애쓴다. 하지만 그런 삶의 방식은 결국 우리를 지치게 할 뿐이다.

나의 감정에 충실해야 한다. 아프면 아프다고 말하고, 슬프면 슬프다고 표현해야 한다. 감정을 억누르는 것이 강한 것이 아니다. 오히려 자신에게 솔직하게 감정을 표출하고, 그 감정을 다루는 것이 진정한 강함이다. 마음속에 쌓인 부정적인 감정은, 그것마저도 내 안에 존재하는 순수한 감정이다. 그것을 무시하지 말고, 있는 그대로 받아들여야 한다.

바다를 보고 나면 강은 작아 보인다. 이처럼 내 삶의 진짜 소중한 가치를 깨닫게 되면, 더 이상 내가 짊어지고 있던 무거운 짐에 얽매이지 않게 된다. 우리는 종종 일과 타인의 기대에 나 자신을 소비하지만, 정작 중요한 것은 나 자신이다. 나 자신을 돌보지 않으면, 그 어떤 것도 온전히 해낼 수 없다. 세상에서 가장 소중한 존재는 바로 '나'다.

살아가면서 우리는 종종 'Yes'라고 말하는 법만을 배우며 자라왔다. 하지만 진정한 삶은 'No'를 할 수 있는 데에서 시작된다. 자신의 감정을 숨기고 억누르는 삶은 결국 진정한 행복을 빼앗는다. 우리는 타인의 기대에 맞추느라, 사회의 요구에 부응하느라 너무나 많은 'Yes'를 외치며 살아왔다. 그러나 그 과정에서 우리는 자신의 감정에 'No'를 말하는 법을 잊어버렸다.

부정적인 감정도 나의 일부분이다. 그것을 외면하지 않고 솔직하게 표현할 때, 우리는 비로소 진정한 자유를 느낄 수 있다. 'No'를 잘 하는 사람이 'Yes'를 진심으로 외칠 수 있는 법이다. 나의 감정에 솔직해지기 시작할 때, 우리는 비로소 진짜 인생을 살게 된다. 미소가 방패가 아니라, 진정한 기쁨의 표현이 될 수 있는 삶을 살게 되는 것이다.

삶은 끊임없이 나 자신에게 반발하는 과정이다. 우리는 종종 어제의 실수를 오늘까지 끌고 오며 자신을 질책한다. 그러나 어제의 일은 지나갔다. 어제의 실수로 오늘의 발목을 잡을 필요가 없다. 중요한 것은 오늘을 살아가며 나를 어떻게 갱신할 것인가를 생각해야 한다.

우리는 스마트폰 앱 업데이트보다 자신을 갱신하는 일에 소홀하다. 하지만 그 무엇보다 중요한 것은 자신을 지속해서 새롭게 만들어가는 것이다. 내면의 감정을 억누르고 숨기는 것은 일시적인 방편일 뿐, 진정한 해결책은 아니다. 우리는 자신을 다시 바라보고, 나의 감정과 마주하는 법을 배워야 한다.

자신을 갱신하는 과정에서 우리는 더 깊은 성장을 경험할 수 있다. 내가 느끼는 감정들, 그 감정들이 나에게 전하는 메시지를 귀 기울여 듣는 것이 중요하다. 그것이 부정적인 감정일지라도, 그 감정이 나를 성장하게 할 수 있다. 우리는 끊임없이 나 자신을 새롭게 갱신하면서, 더 나은 방향으로 나아갈 수 있다.

이제 미소는 나의 감정을 숨기기 위한 가면이 되어서는 안 된다. 그것은 나의 진짜 감정을 표현하는 도구가 되어야 한다. 우리 삶 속에서 미소는 가벼운 것이어야 한다. 그것이 너무 무거워지면, 그때는 우리가 우리 자신을 돌보지 않았다는 신호일지도 모른다. 우리는 언제나 나 자신을 가장 먼저 돌봐야 한다.

괜찮다고 말하며 지었던 미소의 무게가 너무 무겁다면, 이제는 그 미소를 벗어 던질 때다. 나의 감정에 솔직하고, 나 자신에게 친절해야 한다. 미소가 나를 감추는 도구가 아니라, 나의 진정한 기쁨을 표현하는 얼굴이 될 수 있도록. 우리는 자신을 사랑하고 돌보아야만, 진정한 의미의 행복을 찾을 수 있다.

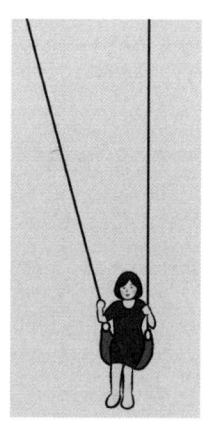

마음 기지개

분노와 슬픔을 삼키기만 하면
그 분노와 슬픔이 나를 삼킵니다.
감정 안이 아닌 감정 위에 섭시다.
파도는 바다를 삼킬 수 없습니다.

 괜찮지 않아도 괜찮다

우리가 일상에서 가장 자주 사용하는 말 중 하나가 '괜찮다'이다. 누군가의 안부를 물을 때, 실수했을 때, 누군가의 걱정에 답할 때, 우리는 자연스럽게 '괜찮아'라고 말한다. 상황을 긍정적으로 표현할 때도, 반대로 부정적인 감정을 숨기고 싶을 때도 우리는 이 말을 사용한다. 어쩌면 '괜찮다'라는 말은 우리 삶 속에서 만능의 역할을 하는 말이 아닐까? 그 말속에 모든 것을 담아내며, 때론 자신을 위로하고, 때론 타인을 안심시키려 한다.

그렇다면, 우리가 그렇게 자주 사용하는 이 '괜찮다'는 말은 진심일까? 아니면 그저 습관적으로 내뱉는 말일까? 우리는 정말로 괜찮은 것일까, 아니면 괜찮지 않은 것을 억누르며 자신을 속이고 있는 것일까?

우리는 너무도 괜찮지 않은 상황에 부닥쳐 있을 때조차도 '괜찮다'

말하며 자신의 감정을 덮어버리기도 한다. 그것은 마치 지쳐있는 몸에 억지로 미소를 짓게 하는 것과 같다. 마음 깊숙이 고통과 불안이 자리하고 있는데도, 겉으로는 아무렇지 않은 척 애써 웃으며 괜찮다고 말하는 것이다. 하지만 그런 말들이 우리에게 진정한 위로가 될 수 있을까? 아니면 그저 순간의 위기를 모면하기 위한 도피일까?

우리는 너무도 쉽게 '괜찮다'라는 말을 사용하지만, 그 말이 내포한 진정한 의미는 절대 가볍지 않다. '괜찮다' 말하는 순간, 우리는 마치 빗발치는 화살을 막는 방패처럼 그 말을 통해 자신을 지켜내고 싶은 것이다. 그러면서도 마음 한편에서는 자신에게 솔직하지 못하다는 자각이 피어오르기도 한다. 그러나 나의 감정은 있는 그대로 존중받아야 한다. 나의 슬픔과 괴로움도 결국은 나의 일부라는 것이다. 이를 부정하는 순간, 나는 더 큰 상처를 자신에게 남기게 된다.

"남자는 태어나서 세 번 운다"라는 말은 누군가의 입에서 오랫동안 당연한 듯 흘러나왔다. 우리는 왜 우는 것조차도 허락받아야 했을까? 눈물을 흘리는 순간, 그마저도 '정해진 횟수'로만 허용된다면, 우리는 얼마나 많은 감정들을 억누르고 있는 걸까. 남자는 울면 안 된다는 그 오래된 규범 속에서, 울음은 마치 허약함의 증거로 여겨진다. 감정을 표현하는 것이 왜 '남자답지 않은' 것으로 치부되어야 하는가? 어쩌면 그 울음은 가장 진실한 자신과 마주하는 순간일 텐데 말이다.

여성 역시 예외는 아니었다. "벙어리 3년, 장님 3년, 귀머거리 3년"이라는 말로 대변되는 결혼 생활의 굴레 속에서, 우리는 또다시 그 감정의 입을 막아왔다. 여자는 참아야 한다, 희생해야 한다는 명분 아래 얼마나 많은 목소리들이 침묵을 강요받았는가. 무언가를 '참고 견디는 것'이 성숙한 사랑의 표현으로 여겨졌던 그 문화 속에서, 우리에게 주어진 감정은 버텨야 할 대상일 뿐이었다. 하지만 누가 그 9년의 침묵이 행복을 보장한다고 했을까? 침묵이 사랑을 의미하는가? 아니면 그것은 자신의 상처를 외면한 채 겉으로만 유지되는 관계의 허상일까?

이러한 구태의연한 잔재는 비단 과거에만 국한된 것이 아니다. 여전히 우리는 남자는 강해야 하고, 여자는 순종적이어야 한다는 기준 속에 갇혀있다. 우는 남자는 약해 보이고, 자기주장을 내세우는 여자는 강하다고 평가받는다. 우리는 이 감정의 왜곡 속에서 자신을 올바르게 표현하지 못한 채 살아가고 있다.

감정은 사람을 사람답게 만드는 본질이다. 사람 냄새가 난다는 것은 무엇인가? 그것은 인간미이고, 솔직함이며, 진정성이다. 감정은 억누르는 것이 아니라 자연스럽게 흘러가야 할 강물과 같다. 때로는 넘쳐나야 하고, 때로는 잔잔히 흐를 수 있어야 한다. 마음속에 있는 기쁨, 슬픔, 분노, 외로움. 그 모든 것이 나를 인간답게 만든다.

우리는 우리 자신에게 너무도 잔인했다. 감정을 억누르고, 견디는 것이 어른스러움이라 착각했다. 하지만 그 억눌림 속에서 우리는 얼마나 많은 자아를 잃었는가? 울고 싶을 때 울지 못한 슬픔이, 말하고 싶을 때 말하지 못한 분노가, 결국은 우리의 몸과 마음에 상처로 남지 않았는가? 그런 면에서 우리는 그저 살아남는 것이 아니라, 살아내야 하는 존재들이다. 삶을 채우는 것은 결국 우리의 감정, 그 솔직한 순간들이다.

괜찮지 않아도 괜찮다. 나는 항상 강할 필요는 없다. 때로는 넘어져도 괜찮고, 좌절해도 괜찮다. 내가 지금 느끼는 모든 감정들은 그 자체로 소중하다. 감정은 나의 일부이고, 그것을 온전히 받아들이는 것이 나를 사랑하는 첫걸음이다. 나에게 필요한 것은 감정을 억누르는 것이 아니라, 그 감정 속에서 진정한 나를 찾아가는 것이다. 자신의 감정에 솔직한 사람이 진정한 인간이다. 자신의 감정을 차단하고 억누르는 것은 나를 향한 최고의 폭력행위이다.

나의 감정을 감추는 것은 성숙함이 아니다. 억지로 괜찮다고 말하기보다는, 괜찮지 않다는 사실을 인정하는 것이 필요하다. 그것이 바로 자신을 돌보는 첫걸음일지도 모른다. 괜찮지 않음을 인정하고, 그 감정을 받아들이는 것이야말로 내가 더 나아지고 성장할 수 있는 출발점이 된다.

세상은 나에게 끊임없이 강함을 요구하고 나는 언제나 강하고 흔들리지 않는 모습을 보여야 한다는 압박에 시달린다. 그래서 어쩌면 더 자주 '괜찮다' 말하며 자신의 아픔을 감추려 하는 것일지도 모른다. 하지만, 이제는 그 굴레에서 벗어날 때가 되었다. 괜찮지 않은 날에는 솔직하게 그 감정을 마주해야 한다. 그것이 진정한 강함이고, 내가 나 자신을 지켜내는 방법이기도 하다.

괜찮지 않다는 것은 약점이 아니다. 오히려, 그것은 우리가 살아있음을, 그리고 더 나아질 수 있음을 보여주는 증거다. 괜찮지 않은 날들에도 나는 그 속에서 자신을 다독이며, 새로운 희망을 찾아야 한다.

괜찮지 않다고 말하는 것은 결코 약해지는 것이 아니다. 오히려, 그것은 나 자신에게 솔직해지고, 그 솔직함을 통해 진정한 치유를 찾아가는 과정이다.

우리 모두 그런 순간들을 경험했을 것이다. 괜찮지 않은 상황 속에서, 어쩔 수 없이 괜찮다고 말하며 자신을 달래야 했던 순간들. 그럼에도 여기까지 왔다는 사실이 당신이 얼마나 강인한 사람인지를 증명한다. 때로는 정말 괜찮지 않았을지라도, 당신은 그 모든 것을 이겨내며 여기까지 왔다.

그러니, 더 이상 억지로 괜찮다고 말하지 않아도 된다. 괜찮지 않을 때는, 그 괜찮지 않음을 있는 그대로 인정하고, 자신을 좀 더 다정하게 돌보아야 한다. 그것이 바로 내가 진정으로 괜찮아질 수 있는 길이다.

괜찮지 않은 감정을 억누르는 대신, 그 감정을 받아들이고, 그 속에서 나 자신을 마주할 수 있어야 한다. '괜찮지 않아도 괜찮다'는 말은 우리에게 큰 위로가 된다. 그것은 나를 지탱해 주는 작은 용기이며, 나를 앞으로 나아가게 하는 힘이 될 것이다.

우리가 괜찮지 않다고 말하는 순간, 우리는 비로소 진정한 자신과 마주할 수 있다. 그리고 그 순간부터 나는 조금씩 괜찮아지기 시작한다. 괜찮지 않아도 괜찮다는 이 단순한 문장이, 당신에게 위로와 용기가 되기를 바란다.

그렇다. 괜찮지 않아도 괜찮다. 지금의 괜찮지 않은 자신을 받아들이고, 자신을 안아줄 수 있는 당신은 말뿐이 아닌 정말로 괜찮은 사람이다. 앞으로의 여정이 어떠하든, 그 모든 것을 이겨낼 수 있을 만큼 당신은 이미 충분히 강하고, 충분히 괜찮은 사람이다.

마음 기지개

비상등이 매일 켜져 있으면
그건 비상등이 아닌 가로등입니다.
오늘의 아픔은 내일의 방향입니다.

위대한 개츠비의 한숨

인간은 누구나 위대해지길 꿈꾼다. 소설 속 '위대한 개츠비'는 바로 그 꿈을 상징하는 인물이다. 그는 물질적 성공을 이룬 남자였고, 많은 이들의 부러움을 사는 위치에 있었다. 하지만 그 위대함 속에는 깊은 고독과 상실감이 있었다. 개츠비는 왜 '위대하다'는 수식을 받게 되었을까? 그의 위대함은 진정한 위대함일까, 아니면 그저 겉으로 드러나는 성공의 껍데기일 뿐이었을까?

개츠비의 삶은 우리 모두의 모습을 닮았다. 그가 추구했던 것은 물질적인 풍요만이 아니었다. 그는 데이지라는 여자를 통해 사랑과 이상을 좇았다. 그러나 그 사랑은 이미 과거에 머물러 있었고, 개츠비는 그 과거를 되돌리기 위해 모든 것을 내던졌다. 우리가 삶에서 좇는 것들도 마찬가지다. 우리는 종종 과거의 한순간을 이상화하고, 그것을 되찾기 위해 현재의 삶을 희생한다. 개츠비가 한숨을 내쉬었듯이, 우리도 종종 과거에 대한 집착이나 이루지 못한 꿈들 앞에서 한숨을 내쉬곤 한다.

우리의 삶도 개츠비처럼 끝없는 갈망 속에 있다. 어릴 적에는 어른이 되기를 간절히 바라던 우리가, 막상 어른이 되고 나면 다시 어린 시절을 그리워한다. 우리는 성숙함을 원하다가도, 세월이 흐르면 다시 젊음을 갈망한다.

집에 있을 때는 여행을 꿈꾸고, 여행지에서는 다시 집이 그리워지는 이 역설적인 갈망. 인간의 본성은 언제나 가지지 못한 것에 대한 열망에 사로잡혀 있다. 그렇다면 내가 사는 지금, 이 순간은 과거와 미래의 어느 시선으로 바라보던지 가장 행복한 순간을 살고 있다는 것이다.

개츠비가 가진 부와 성공은 그의 삶의 일부분일 뿐이었다. 그가 진정으로 원했던 것은 다른 무엇이었다. 그 '무엇'이란, 물질적인 것 너머에 있는 어떤 이상적인 사랑, 완벽한 행복, 혹은 잃어버린 시간을 되돌리고 싶은 욕망이었다. 하지만 그 갈망이 충족되지 않으니, 그는 한숨을 내쉬며 그 모든 것을 헛되이 보냈다.

우리 역시 마찬가지다. 우리는 늘 우리에게 없는 것, 멀리 있는 것들을 동경하며 살고 있다. 그 동경은 때로는 우리를 전진하게 만들지만, 그 갈망이 채워지지 않을 때마다 우리는 좌절하고, 그토록 원했던 것을 손에 넣었을 때조차 새로운 결핍을 발견하게 된다. 개츠비는 그토록 추구했던 데이지를 다시 만났지만, 그 만남이 그의 삶을 완전히 채워주지 못했듯이 말이다.

요즘 유행하는 레트로 열풍을 보면, 인간이 어떻게 과거를 그리워하는지를 쉽게 알 수 있다. 우리가 버리고 잊으려 했던 낡은 것들, 오래된 추억들은 어느 순간 다시 돌아와 우리 마음속을 채운다. 최신 디지털 기술이 가득한 세상 속에서도 우리는 오래된 필름 카메라를 찾고, 오래된 음악, 낡은 감성 속에서 추억을 얻는다. 그것은 마치 우리의 삶이 쌓여온 시간을 다시금 인정하는 과정이다.

과거는 완벽하지 않았다. 그럼에도 불구하고 우리는 그 과거 속에서 위로를 찾고, 우리의 현재를 살아가는 힘을 얻는다. 과거를 되돌릴 수는 없지만, 그 시간들이 우리에게 남겨준 흔적은 여전히 우리 속에 남아 있다. 개츠비가 그렇게 과거에 집착했던 이유도 바로 이와 같다. 그가 잃어버린 사랑, 잃어버린 시간을 되찾고자 했던 것은 결국 자기 자신을 다시 찾고 싶은 욕망이었는지도 모른다.

그렇다면 우리는 어떻게 살아가야 할까? 위대한 개츠비는 결코 행복하지 않았다. 그의 삶은 표면적으로는 성공적이었지만, 내면에서는 끊임없이 결핍을 느꼈다. 그가 위대하다고 불렸던 것은 그저 물질적인 부 때문이 아니었다. 그는 한 사람의 인생을 온전히 쏟아부어 꿈을 좇았고, 그 과정에서 자신을 다 태워버렸다.

우리가 개츠비와 다른 길을 가기 위해서는, 지금 이 순간을 사랑해야 한다. 과거를 그리워하는 것도 좋고, 미래를 계획하는 것도 중요하지만, 그보다 더 중요한 것은 '지금'이다. 죽은 시인의 사회에서 나왔던 명대사 "카르페 디엠(Carpe Diem)"처럼, 현재를 움켜쥐고 그 순간을 온전히 살아내는 것이야말로 우리가 한숨 대신 웃음을 찾을 수 있는 길이다.

개츠비는 그토록 많은 것을 가졌으면서도, 행복을 찾지 못했다. 왜냐하면 그는 언제나 다른 곳에 마음을 두고 있었기 때문이다. 우리가 배워야 할 교훈은 이것이다. 우리는 과거의 후회나 미래의 불안을 좇는 대신, 지금 이 순간에 집중해야 한다. 우리의 행복은 눈앞에 있으며, 우리가 그것을 인지하고 받아들일 때 비로소 진정한 위대함을 느낄 수 있다.

개츠비는 자신의 삶을 돌아보며 수많은 한숨을 내쉬었을 것이다. 그의 한숨은 이루지 못한 꿈에 대한 아쉬움, 잃어버린 사랑에 대한 그리움, 그리고 자신의 선택에 대한 후회일 것이다. 우리는 모두 그런 한숨을 쉬며 살아간다. 하지만 우리의 한숨은 우리 삶의 끝이 아니다. 한숨은 우리가 지나온 길을 돌아보게 하고, 앞으로 나아갈 방향을 다시 생각하게 만드는 작은 쉼표일 뿐이다.

위대함은 결코 물질적인 성공이나 외부의 인정으로만 이루어지지 않는다. 진정한 위대함은 현재를 살아가는 힘, 나 자신을 받아들이는 용기, 그리고 삶의 모든 순간을 소중히 여기는 마음에서 비롯된다. 개츠비의 한숨은 그의 내면 깊은 곳에 자리한 결핍에서 나온 것이지만, 우리는 그 한숨을 통해 우리의 삶을 되돌아보고, 자신을 위대하게 만들어 갈 수 있는 깊은 심호흡의 시작이다.

우리는 이미 충분히 위대하다. 우리의 하루하루는 작은 기적이고, 우리의 삶은 그 자체로 가치 있는 여정이다. 오늘을 살아가며 느끼는 작은 기쁨과 슬픔, 그리고 한숨마저도 우리를 더 위대하게 만들어 주는 요소들이다. 한숨 대신 웃음을 선택하자.

위대한 나의 삶을 위해!

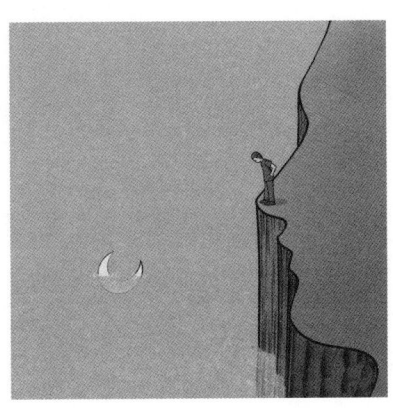

마음 기지개

급한 것보다 소중한 것에
재미있는 곳보다 의미 있는 곳으로
나를 데려가자.
인생은 한 방이 아니라 한 번이다.

마음을 위한 처방전

마음도 감기에 걸린다. 사랑했던 사람, 믿었던 사람, 혹은 오랜 세월 나와 함께했던 어떤 존재로부터, 나의 삶을 흔드는 바이러스는 언제나 침투할 수 있다. 몸의 병은 약을 먹고 치료를 받으면 어느 정도 해결이 가능하지만, 마음의 병은 그리 간단하지 않고 나를 지치게 하며 삶의 의미마저도 흔들어 놓는다.

증상은 여러 가지다. 사람이 무서워지고, 만남이 싫어지기도 한다. 그러다 보면 결국 자신까지 미워지기 시작한다. 웃음을 잃어버리고, 아무리 즐거운 장면을 봐도 감흥이 없다. 혼자 있는 시간이 점점 길어지고, 고독은 깊어진다. 작은 일에도 갑자기 화가 치밀어 오르고, 원망과 불평의 소용돌이가 나를 휘감는다. 마음의 병은 이렇게 스며들어, 우리의 삶을 천천히 갉아먹는다.

깊이 잠든 적이 언제였는지 기억도 나지 않을 만큼, 꿈속에서조차 나를 괴롭히는 사람들과 싸운다. 비슷한 상황을 마주할 때마다 분노가 하늘을 찌르고, 모든 세상과 사람들이 거짓으로 보이며, 삶에 대한 염세적인 생각들로 가득 찬다.

이런 상태는 많은 사람이 살아가면서 겪는 보편적인 경험이다. 마음의 병, 그 심각한 독감은 누구에게나 찾아올 수 있다. 중요한 건 진단에 맞는 처방이다. 우리는 자신의 아픔을 정확히 인지하고, 그것을 해결할 방법을 찾아야 한다. 그렇지 않으면 마음의 감기는 점점 심각한 중병으로 발전할 것이다.

우리가 신체적으로 아플 때, 의사는 증상에 맞는 정확한 처방을 내린다. 머리가 아프면 두통약을, 배가 아프면 소화제를 처방하듯, 마음의 병에도 그에 맞는 처방이 필요하다. 중요한 건, 나의 마음에 어떤 아픔이 있는지 인지하는 일이다. 아무리 훌륭한 의사라도 환자가 자신의 증상을 숨기거나 제대로 설명하지 않으면, 병을 고칠 수 없다. 마음의 아픔도 마찬가지다. 내 아픔을 인정하고 받아들이는 순간이 치료의 시작이다.

우리는 종종 자신의 아픔을 외면하거나 감추려 한다. 아프지 않은 척, 괜찮은 척하는 것이 오히려 더 익숙해질 때가 많다. 하지만 그럴수록 병은 깊어진다. 그래서 나의 마음이 어떤 상태인지 정확히 인식하는 것이 중요하다. 마음이 아프다는 것을 인정하는 것, 그 첫걸음이 치유의 출발점이 된다.

그리고 다음으로 필요한 것은 의미적 존재를 찾는 것이다. 이 의미적 존재는 나의 마음을 이해하고, 내가 겪고 있는 아픔을 진심으로 공감하며 나를 치유로 이끌어 줄 존재다. 우리의 삶 속에는 반드시 이런 존재가 필요하다. 나침반처럼 나의 방향을 잡아주는 사람, 등대처럼 어두운 길을 밝혀주는 사람이 바로 의미적 존재이다.

이 존재는 나의 친구일 수도, 스승일 수도 있다. 또는 가족이거나, 때로는 전혀 예상치 못했던 낯선 사람 또는 한 권의 책이나 사건일 수도 있다. 중요한 것은 그 대상이 나의 마음을 진정으로 이해하고, 나의 삶에 새로운 의미를 부여하는 존재라는 점이다.

의미적 존재가 내게 내려주는 처방은 단순한 조언이나 도움을 넘어선다. 그의 말 한마디나 깨달음은 나를 다시 일으켜 세우는 힘이 될 수 있다. 그의 작은 격려는 때로는 기적처럼 내 삶을 바꾼다. 그가 전하는 마음의 처방전은 단순한 약이 아니라, 나에게 필요한 특별한 치료법이다. 그는 나의 아픔을 이해하고, 내가 나아가야 할 길을 다시 제시해 준다.

그러나 이 처방전을 잃어버려서는 안 된다. 의미적 존재로부터 받은 깨달음은 나에게 아주 중요한 의미를 지닌다. 그것은 일회성 처치나 잠깐의 위로가 아닌 내 마음을 지속력 있게 치료하는 명약이 된다. 그렇기에 그 처방전은 내 마음속에 깊이 새겨져야 한다. 우리는 단지 잠깐의 마취가 필요한 것이 아니다. 우리는 진정한 치료를 원한다. 단기적인 위로나 아픔을 잊게 해주는 것만으로는 충분하지 않다. 마음의 병을 완전히 고치기 위해서는 지속적인 노력과 관리가 필요하다.

아무리 좋은 처방과 약을 받았다고 해도, 내 몸이 그 약을 받아들일 힘이 없으면 효과가 없다. 마음의 병도 마찬가지다. 치료를 위해서는 나의 마음 근육을 단단히 하고, 내 감정의 에너지를 충전해야 한다. "힘이 없고, 아파서 마음을 돌볼 여유가 없다"는 생각이 들 때일수록 더욱 나 자신을 돌보고, 마음의 상태를 관리해야 한다.

의미적 존재를 찾는 것은 단순한 위로를 받는 것을 넘어선다. 그들은 우리에게 삶의 새로운 길을 보여주고, 우리 자신의 아픔을 마주할 용기를 준다. 그들은 우리에게 필요한 처방을 내려줄 뿐만 아니라, 우리가 그 처방전을 이해하고, 실행에 옮길 수 있도록 돕는다.

그러나 우리가 의미적 존재에게서 받은 처방은 결국 우리 자신이 지켜야 할 것이다. 그들의 말이 우리에게 일시적인 위안만을 주는 것이 아니라, 우리의 마음속에 깊이 새겨져야 한다. 단지 아픔을 일시적으로 잊는 것이 아니라, 그 아픔을 온전히 받아들이고, 그것을 치유해야 한다.

마음의 병이란 일시적 마취로 해결되지 않는다. 그것은 근본적인 치료가 필요하다. 그리고 그 치료는 우리가 우리 자신을 돌보고, 나 자신을 더욱 깊이 이해하는 과정에서 이루어진다. 아픔을 무조건 덮어두는 것이 아니라, 그 아픔을 마주하고, 그것을 극복해 나가는 것이 진정한 치유의 길이다.

마음이 아플 때, 우리는 종종 그 아픔에 휩싸여 자신을 돌보는 것을 잊어버린다. 그러나 마음의 병을 치유하는 데에는 자신의 마음 근육을 키우는 것이 필수적이다. 마음 근육을 강화하는 방법은 간단하지 않다. 때로는 고통스럽고, 때로는 피하고 싶은 일이다. 그러나 그 과정을 통해 우리는 더 강해지고, 더 나은 사람이 될 수 있다.

자신의 마음 상태를 인정하고 돌보는 것이 첫걸음이다. 아픔을 무조건 외면하는 것이 아니라, 그 아픔을 직면하고, 내 감정을 이해하고 받아들이는 것이 중요하다. 그리고 그 과정을 통해 나는 점차 회복될 수 있다.

마음의 감기는 누구에게나 찾아온다. 하지만 그 감기를 어떻게 다루느냐에 따라 나의 삶은 달라질 수 있다. 의미적 타인을 통해 나는 다시 살아갈 힘을 얻고 마음을 치유할 수 있는 길을 발견할 수 있다. 그러나 그 길을 걷는 것은 나 자신이다. 자신의 마음을 돌보고, 사랑하며, 나의 아픔을 이해하고 받아들이는 과정을 통해 나는 진정한 치유를 경험할 수 있다.

마음의 감기를 앓고 있다면, 이제는 그 처방을 찾아야 할 때다. 의미적 타인을 통해 받은 처방전을 잃지 말고, 마음속에 새기자. 나는 단지 살아가는 것이 아니라, 온전히 치유 받으며 살아가야 할 존재다.

마음 기지개

오늘은 어제에서 탈출한 날입니다.
어제의 불순물이 오늘을 물들이지 않게
마음을 헹궈내고 볕이 들게 합시다.
나를 환기합시다.

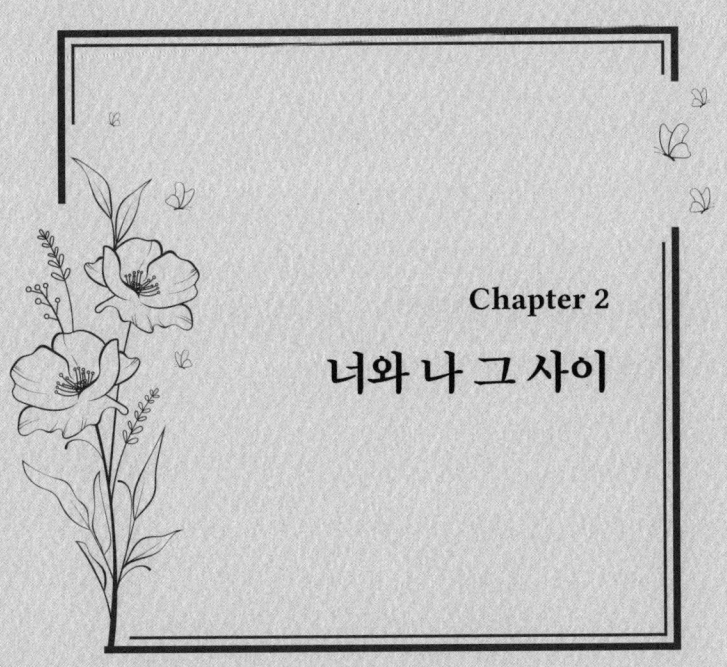

Chapter 2

너와 나 그 사이

🌿 어차피 가위바위보

　가위바위보. 이 셋 중 어느 것이 가장 강할까? 그리고 어느 것이 가장 약할까? 이 물음에 명확히 답할 수 있는 사람은 아마 없을 것이다. 모두가 강하면서도, 모두가 약하기 때문이다.

　인생이라는 무대 위에서 우리도 마찬가지다. 세상은 그만큼 변덕스럽고, 예측할 수 없는 것이기 때문이다.

　가위바위보는 마치 인생의 축소판 같다. 매 순간의 승리와 패배는 우연 속에서 결정된다. 그러니 이겼다고 기뻐할 필요도, 졌다고 절망할 이유도 없다. 인생은 언제든 역전될 수 있고, 언제나 새로운 국면을 맞이하기 때문이다. 잠시 이기는 순간이 찾아오기도 하고, 다시 패배하는 날도 있기 마련이다. 하지만 어차피 인생이 가위바위보라면, 그 승패에 너무 집착하지 않고 살 수는 없을까? 우리는 종종 삶에서 패배했을 때 그 무게를 지나치게 크게 느낀다. 그러나 그 순간이 영원

할 것처럼 느껴지더라도, 결국 우리는 모두 같은 결과를 향해 나아가는 존재들이다. 내 삶을 채웠던 모든 소유물은 시간이 흐르면 다른 누군가의 것이 될 것이고, 나의 존재조차도 언젠가는 희미해지기 마련이다.

그렇다면 지금 내게 주어진 삶을, 이 승리와 패배의 사이에서 어떻게 해석해야 할까? 어쩌면 우리는 너무나도 결과에만 집착하며 살아가고 있진 않은가? '이겼다'는 결과에 기뻐하는 것이 아니라, 그 과정에서 무엇을 얻었는지에 초점을 맞추어야 한다. 그리고 진다고 해서 무너질 필요는 없다. 우리가 하는 일상적인 가위바위보에서 진다고 해서 누가 큰 손해를 본 적이 있던가? 결과는 잠깐의 웃음이나 아쉬움으로 끝난다. 인생도 그렇다. 어차피 가위바위보 놀이처럼 순식간에 지나가는 것이다.

인생은 그 자체로 공평하다. 가위바위보처럼, 누구나 이길 수도 있고 질 수도 있다. 중요한 것은 승리나 패배에 연연하는 것이 아니라, 내가 그 순간을 어떻게 받아들이고 해석하는가다. 가위를 낸 내가 바위에 졌다면, 그 패배를 깊이 곱씹을 필요는 없다. 언젠가는 내가 보를 내서 그 바위를 이길 순간이 올 것이다. 인생에서 중요한 것은 내 삶을 다른 사람의 기준에 맞추지 않고, 나만의 리듬으로 걸어가는 것이다. 우리가 어쩌면 지나치게 남과 비교하며, 자신을 끊임없이 타인의 잣대에 맞추려 하고 있지는 않은가?

인생을 살다 보면 우리는 늘 다른 사람의 삶을 바라보며 부러움의 눈길을 보내곤 한다.

비행기를 타고 하늘을 나는 사람을 부러워하는 자동차 운전자가 있다. 그런데 자전거를 타고 달리는 사람은 그 자동차 운전자를 부러워한다. 또 그 옆을 걷고 있는 사람은 자전거를 타는 이를 부러워하고, 또 그 옆 휠체어를 타고 있는 사람은 걷는 사람을 부러워 바라본다. 그리고 시한부 인생을 사는 이는 휠체어라도 타고, 그저 살아가기를 바란다. 이렇게 끝없이 서로를 부러워하면서도, 정작 우리는 각자의 자리에서 무엇을 잃고 무엇을 얻고 있는지 깨닫지 못한 채 살아간다.

결국, 이 모든 것은 우리의 시선과 마음가짐에 달려 있다. 지금 웃고 있는 내가 더 행복할까, 저 멀리 누군가가 더 행복할까? 우리의 불행과 행복은 누가 더 크고 작다고 말할 수 있을까? 행복과 성공의 기준은 무엇이며, 그 옳고 그름은 도대체 어디에서 측정될까? 마치 가위바위보처럼, 어느 한순간의 승패는 그 순간일 뿐, 인생 전체를 결정짓는 것이 아니다.

살아가다 보면 누구나 남의 성공을 부러워할 때가 있다. 그들의 금메달, 그들의 빛나는 순간을 보며 나의 은메달이 초라해 보일 때가 있다. 하지만 우리가 정말로 중요한 것은, 지금 내가 어디에 서 있는지를 정확히 아는 것이다. 동메달리스트는 자신의 위치를 기뻐한다. '아, 조금만 더 못했으면 4등이 될 뻔했는데! 내가 메달을 따나니!' 반면, 은메달리스트는 가지지 못한 금메달만을 바라보며 아쉬워한다. 금메달리스트조차도 영원히 그 자리에 있을 수는 없다. 결국 더 강한 상대가 나타나면 그 자리에서 내려와야 하기 때문이다.

우리는 흔히 삶에서 결과만을 중요시하며 살지만, 사실 과정에서 얻는 가치는 그 무엇과도 비교할 수 없다. 성공과 실패, 이 두 가지에만 집중하다 보면, 우리는 삶의 중요한 순간들을 잃어버릴 수 있다. 가위바위보를 하며 웃고 떠들던 그 순간의 즐거움처럼, 우리 삶의 소소한 과정들이야말로 우리를 살아있게 하는 것이다.

세상을 살아가는 데 있어서 남보다 앞서가려는 욕망에 사로잡혀 있는가? 내가 더 잘났다는 걸 증명하고, 그 과정에서 타인을 이겨야만 한다고 생각하고 있는가? 우리는 가위바위보 놀이에서 이겼다고 친구와 다툰 적이 있는가? 그 승리로 인해 자만하고, 상대를 얕보며 관계를 끊은 적이 있는가? 아마 없을 것이다. 이겼다고 해서 자만하지 않고, 졌다고 해서 너무 크게 낙심하지 않는 그 태도가 우리 인생에도 필요하다.

결국 인생도 가위바위보처럼 흘러간다. 오늘의 승자가 내일의 패자가 될 수 있고, 반대로 오늘의 패자는 내일의 승자가 될 수 있다. 중요한 것은 이 순간을 어떻게 받아들이고 해석하는가다. 어제 울었던 사람이 오늘 웃을 수 있고, 오늘 웃는 사람은 내일의 눈물을 준비할 수 있다. 그렇기에 인생을 넓고 깊게 보자. 한 방향으로만 질주하는 경주마가 될 필요는 없다. 우리는 그저 넓은 초원 위에서 자유롭게 달리는 야생마가 될 수 있다.

삶은 마치 해석의 예술과도 같다. 바다를 바라보는 시인의 눈에는 바다는 아름다운 풍경의 시상이 떠오르고, 어부의 눈에는 물고기가 넘실거리는 어장으로 보인다. 또 화가의 눈에는 바다가 한 폭의 그림으로 다가올 것이고, 수영선수의 눈에는 정복하고 싶은 경기장으로 해석될 것이다. 중요한 것은 내가 무엇을 보고, 그 안에서 무엇을 끌어내는가다. 삶도 그와 같다. 우리는 자신만의 해석을 통해 이 세상을 살아간다. 곧 내가 세상을 바라보는 방식이 곧 내가 마주할 세상을 만드는 것이다. 자! 이제 어떤 존재로서 어떤 해석의 사람이 되려 하는가?

지금 내가 느끼는 실패와 아쉬움, 그리고 승리의 기쁨은 결국 짧은 순간일 뿐이다. 어차피 인생은 가위바위보다. 한 번의 승패가 인생의 모든 것을 결정짓지 않는다. 중요한 것은, 그 순간을 어떻게 바라보고 어떻게 해석하느냐이다. 인생에서 가장 지혜로운 사람은 바로 이 해석의 능력을 갖춘 사람이다. 패배 속에서도 미래의 승리를 보고, 성공 속에서도 겸손함으로 다가올 또 다른 도전을 준비하는 사람. 그런 사람이 인생의 진정한 승리자가 아닐까?

우리는 하루하루를 살아가면서 더 나은 해석자가 되어야 한다. 가위바위보 놀이의 승패처럼, 인생의 승리와 패배에 너무 얽매이지 말고, 그 순간을 즐기며, 나만의 해석으로 살아가자.

이제 오늘의 나를 소중히 여기고, 내일의 나를 기대하자.
그리고 그 행복한 길목에서 웃어보자!

마음 기지개

우리의 관심은 대부분 새로운 것들의 소유에 많고

새로운 내가 되는 일에는 관심이 적습니다.

소유하는 삶을 넘어 고유한 삶이 되도록

나를 아름답게 합시다.

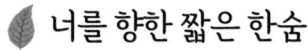 너를 향한 짧은 한숨

사람과의 관계는 인생에서 가장 큰 행복을 주기도 하지만, 가장 깊은 고통을 안겨주기도 한다. 누군가와의 상호작용 속에서 우리는 기쁨과 슬픔, 위로와 상처를 번갈아 경험한다. 관계의 마찰은 인간이라면 누구나 피할 수 없는 숙명이다. 아무리 이상적인 삶을 꿈꾸더라도, 사람 사이의 부딪힘은 불가피하다.

종종 우리는 이상적인 관계를 상상하며 살아간다. 상사와의 관계가 원활하다면, 가족과의 소통이 문제없다면, 친구들과 늘 즐겁다면, 내 삶도 그만큼 완벽할 것이라고 기대한다. 그러나 현실은 그리 간단하지 않다. 삶의 복잡함 속에서 매일 마주하는 관계 속 갈등은 때때로 우리를 무기력하게 만든다. 직장에서 마주하는 상사나 동료와의 갈등, 가족 내에서의 오해, 친구들과의 다툼. 이 모든 것은 우리 삶에서 따뜻함과 행복을 빼앗고 좌절과 분노, 그리고 상대를 향한 깊은 한숨이 되기도 한다. 이 한숨은 단순한 피로감 이상의 의미를 가진다. 그것은 인간관계에서 오는 복잡한 감정의 표출이며, 자신도 모르게 무거워진 마음을 자신에게 전달하는 작은 신호이다.

사람과 사람 사이의 관계 속에서 생겨나는 마찰만큼 우리를 지치게 하는 것은 없다. 비록 연봉이 높고 복리후생이 좋은 직장에서 일한다고 해도, 매일 마주치는 상사나 동료가 불편한 존재라면 그 직장은 마음의 온기를 앗아가는 공간이 되고 만다.

그렇다면 우리는 어떻게 해야 할까? 우리는 타인의 감정이나 행동을 내 마음대로 바꾸거나 통제할 수 없다. 단지 내가 할 수 있는 유일한 일은 나 자신을 지키는 것, 즉 내 감정의 면역력을 키우는 방법이다.

우리는 종종 삶 속에서 관계적 화살을 맞는다. 그 화살은 상처가 되어 나를 아프게 하고, 나는 그 아픔 속에서 상대방을 원망한다. '왜 내게 이런 상처를 주지?'라며 상대방을 향한 원망과 분노를 키워나간다.

하지만, 이 과정에서 중요한 것은, 상대를 향한 대처보다 먼저 내 마음의 화살을 제거하고 상처를 치료하는 것이 우선이다. 내 마음의 생명을 지키는 것이 우선이다. 내 마음의 근육이 건강해야 문제를 해결할 수 있지 않는가! 마음이 무너지고 병든 상태에서는 외부의 약한 자극에도 육체와 정신은 무너지고 만다.

이것은 단순히 생존에 관한 이야기가 아니다. 감정의 면역력을 키우는 것, 즉 내 안에서 일어나는 부정적 감정을 다루는 것은 결국 나 자신을 보호하는 일이다. 인간은 완벽한 존재가 아니기에, 우리는 관계에서 항상 마찰을 겪을 수밖에 없다. 그 마찰 속에서 가장 중요한 것은 나 자신을 어떻게 지켜내느냐는 것이다.

우리는 종종 상대를 바꾸려는 헛된 시도를 한다. 누군가와의 갈등에서 우리는 종종 그 사람을 바꾸려 노력하며, '저 사람이 변하면 모든 것이 나아질 거야'라고 생각한다. 그러나 이 생각만큼 무모한 것도 없다. 성인이 된 사람은 그들의 인격, 성향, 습관이 이미 고착된 상태이다. 사람은 절대 쉽게 변하지 않는다. 우리가 상대방을 바꾸려는 헛된 노력을 포기하는 순간, 그 관계는 비로소 변화의 첫걸음을 내디딜 수 있다.

갈등이 일어날 때 우리는 상대방을 원망하기 쉽다. 하지만 실제로 싸워야 할 대상은 바로 나 자신이다. 내가 어떻게 나 자신을 보호하고, 내가 어떻게 감정의 균형을 유지하느냐가 중요하다. 면역력이 강한 몸은 외부에서 침입하는 바이러스에 잘 대처할 수 있듯이, 감정의 면역력이 강한 사람은 부정적 감정이 자신을 잠식하지 않도록 방어할 수 있다.

분노는 자동으로 발생하지만, 평안은 나의 선택에 있다. 미움은 자동으로 발생하지만, 사랑은 나의 선택에 있다. 부정적인 사건은 자동으로 일어나지만, 긍정적인 태도는 나의 선택에 있다. 불평은 자동이지만, 감사는 나의 선택에 달린 것이다. 모든 문제의 해답은 나의 마음에 그 열쇠가 있는 것이다.

마찰이 일어날 때, 상대를 향한 짧은 한숨이면 충분하다. 이 짧은 한숨의 의미는 나를 소모하거나 나의 역량을 초과하는 그 이상의 에너지를 소모하지 말라는 뜻이다. 그것을 뒤로하고 온전히 나 자신에게 집중해 보자. 상대를 바꾸려 애쓰는 대신, 내 마음을 돌보고 나의 면역력을 키워보자.

관계를 통해 얻은 상처는 결국 내 안에서 치유되어야 한다. 타인이 나에게 준 상처를 완전히 없애는 것은 불가능하다. 중요한 것은 그 상처를 어떻게 다루느냐이다. 내가 그 상처를 마음속에 고스란히 두고, 끊임없이 상대방을 원망하는 감정에 빠져 산다면, 그 상처는 더욱 커질 뿐이다.

하지만 반대로, 내가 그 상처를 인정하고 치유하려 노력한다면, 그 상처는 더 이상 나를 괴롭히지 않을 것이다. 갈등 속에서 상대방이 변하길 바라며 상대를 바꾸려는 노력만큼 무의미한 일도 없다. 오직 기억하라. 가장 중요한 것은 나의 내면을 돌보는 일이라는 것을!

그러면 우리는 어떻게 감정의 면역력을 키울 수 있을까? 그 답은 결국 자기 자신을 돌보고, 나를 존중하는 데서 시작된다. 나는 타인의 감정과 행동을 바꿀 수 없지만, 나의 반응과 태도는 나 자신이 바꿀 수 있다.

우선 내가 느끼는 감정은 나의 것이라는 사실을 인정해야 한다. 상대방이 어떤 행동을 했더라도, 그로 인해 느끼는 감정은 나 자신의 것이며, 내가 그 감정을 어떻게 다루느냐에 따라 내 삶이 결정된다. 내 감정의 주인이 되어, 그것을 억누르거나 부정하지 않고 있는 그대로 받아들이는 것이 중요하다.

 관계에서 받은 상처를 부정하거나 억누르는 대신, 그 상처를 인정하고 치유하는 과정이 필요하다. 상처를 인정하는 것은 결코 약한 것이 아니다. 오히려 그것은 나 자신을 돌보고, 내 안의 감정을 건강하게 다루는 첫걸음이다.

 관계 속에서 마찰을 겪고 상처를 받을 때, 나만의 안전지대를 찾아가는 것이 중요하다. 이는 물리적인 공간일 수도 있고, 감정적으로 나를 안정시킬 수 있는 활동일 수도 있다. 예를 들어, 혼자 있는 시간을 통해 내 감정을 정리하거나, 자연 속에서 마음의 평화를 찾는 것이 그런 예가 될 수 있다.

 갈등이 일어날 때, 우리는 종종 그 관계를 복잡하게 해석하려 한다. 상대방의 행동을 분석하고, 그 사람이 왜 그렇게 행동했는지에 대해 생각을 거듭한다. 하지만 이런 복잡한 생각은 우리를 더 혼란스럽게 만들 뿐이다. 때로는 관계를 단순하게 바라보고, 갈등의 원인을 너무 깊이 파고들지 않는 것이 더 현명할 수 있다.

우연히 학창 시절 썼었던 일기장을 찾아 읽어본 적이 있었다. 그 시절 무슨 일이 있었는지 세상이 다 무너져 가는 글들로 도배되어 있었다. 그런데 그때 무슨 일이 있었는지 전혀 생각이 나질 않았다. 모든 것이 끝장이라고 외쳐대는 글의 주인공은 지금의 나는 아닌 것 같았다.

불과 10년 전의 일을 기억하는가? 우리는 그때 삶의 어떤 사건과 계기로 상처를 받았을 것이다. 물론 몇몇 기억되는 일도 있겠지만 대부분 기억이 흐릿하고 시간이 흐른 지금까지도 상처로 밤을 새우는 사람은 거의 없다. 답이 나왔다. 오늘날 지금 나를 찌르는 상처는 앞으로는 기억도 나질 않는 에피소드가 될 예정이다.

갈등은 피할 수 없는 현실이지만, 그 갈등이 반드시 나쁜 것만은 아니다. 갈등을 통해 우리는 자신을 돌아보고, 성장할 기회를 얻는다. 상대방이 변하지 않는 것처럼, 나 역시 그 관계 속에서 변하지 않으면 성장할 수 없다. 관계 속에서 겪는 마찰은 나를 성장시키는 자극이 될 수 있다.

때로는 갈등을 통해 더 깊은 이해와 공감이 싹트기도 한다. 마찰이 일어나는 순간, 우리는 상대방을 이해하려는 노력을 통해 서로를 더 잘 알게 된다. 관계의 깊이는 그런 갈등 속에서 형성된다.

갈등을 피하려고만 하는 삶은 성장을 멈추게 만든다. 갈등을 피하지 말고, 그 갈등 속에서 내가 얻을 수 있는 교훈을 찾아보자. 내가 상대를 어떻게 대했는지, 내가 그 관계에서 어떤 감정을 느꼈는지를 되돌아보면, 그 속에서 나에 대한 더 깊은 통찰을 얻을 수 있을 것이다.

너를 향한 짧은 한숨은 그 관계 속에서 더 이상의 에너지를 낭비하지 않겠다는 다짐이다. 상대를 바꾸려는 무의미한 노력 대신, 나 자신을 돌보고 감정의 면역력을 키우겠다는 결심이다.

짧은 한숨 뒤에는 나를 향한 긴 호흡이 필요하다. 그 긴 호흡 속에서 나 자신을 지키고, 내 삶을 더욱 단단하게 만들어 갈 수 있다. 오늘의 나는 지금까지 스쳐 지나갔던 상처가 만든 아름다움이다.

마음 기지개

긍정이란 어려움을 인정하고
지금 할 수 있는 일을 해 나가는 것입니다.
나를 향기로 채웁시다.

🍃 전쟁이 슬픈 이유

　전쟁이 슬픈 이유는 모두가 자기를 선이라 주장하기 때문이다. 전쟁은 나라와 나라 사이에서 벌어지는 거대한 충돌일 수도 있지만, 개인과 개인 사이에서 발생하는 작고 일상적인 충돌이기도 하다. 전쟁은 형태가 어떻든 본질은 같다. 모두 자신의 입장에서 상대방을 악으로 규정하며, 자신이 절대적인 피해자라 믿는다. 그렇게 모든 전쟁에는 가해자는 없고, 피해자만 남게 된다.

　이러한 역설은 우리의 삶 속에서도 고스란히 드러난다. 우리는 관계의 크고 작은 전쟁을 겪는다. 서로 다른 생각, 감정, 가치관의 충돌로 때로는 불가피한 갈등이 일어나곤 한다. 그러나 그 갈등 속에서, 우리는 언제나 자신이 옳고 상대방이 틀렸다고 생각하는 경향이 있다. 그것이 우리가 관계적 전쟁을 겪으며 슬퍼하는 이유이다. 서로가 피해자라고 주장하며, 결국 누구도 책임을 지지 않는다.

우리는 흔히 나 자신을 선한 존재로 여기며 살아간다. 나는 옳고, 나는 잘못이 없으며, 문제가 있다면 그것은 다른 사람의 탓이라고 생각하는 경우가 많다. 나의 행동은 언제나 정당하고, 내가 고통을 겪는 것은 누군가가 나에게 잘못했기 때문이라는 논리 속에서 자신을 보호하려 한다. 이 착각은 관계 속에서 갈등을 증폭시키는 주요한 요인이다.

최근에 겪었던 갈등을 떠올려 보자. 그때 나는 어떤 생각을 했는가? 내 행동이 잘못되었다고 느낀 순간이 있었는가, 아니면 상대방이 나에게 잘못을 저질렀다고 생각했는가? 대부분의 경우, 우리는 자신을 피해자라고 인식한다. 나 자신이 가해자라는 생각은 결코 쉽게 떠오르지 않는다. 그렇기에 우리는 상대방을 비난하는 데 익숙해진다. 이 착각 속에서 우리는 점점 더 자신을 선한 존재로 규정하게 되고, 상대방은 나를 힘들게 하는 악한 존재로 여겨진다.

그러나, 중요한 것은 나는 언제든지 가해자가 될 수 있다는 사실을 자각하는 것이다. 나는 완벽하지 않으며, 내 안에도 타인을 아프게 할 수 있는 어두운 면이 존재한다는 것을 인정해야 한다. 착한 사람이라는 착각을 버리지 않는 한, 우리는 관계 속에서 진정한 화해와 평화를 이루기 어렵다. 모든 전쟁의 슬픈 이유는, 바로 이 '나는 선하다'라는 확신에서 비롯된다. 자신에 대한 확증편향은 눈을 가린 채 운전대를 잡고 고속도로를 달리는 일과 흡사한 것이다.

교도소에 있는 수감자들의 대부분은 자신이 죄가 없다고 주장한다. 그들은 자신이 억울하게 여기에 왔고, 자신은 그저 피해자라고 믿는다. 물론 정말 억울한 누명을 입어서 수감생활을 할 수도 있다. 하지만 흉악한 범죄를 저지른 사람들조차도 자신은 그저 불운한 상황에 놓였을 뿐, 본래는 악한 사람이 아니라고 말한다. 교도소라는 공간에서조차 사람은 자신이 옳다고 믿고 있다. 인간은 책임에 대한 회피의 동물이다. 책임의 반대말은 무책임이 아닌 핑계이다.

이 역설은 우리 사회가 가지고 있는 인간 본성의 민낯을 보여준다. 우리는 본능적으로 자신을 보호하고, 자기 행동을 정당화하려는 경향이 있다. 그 누구도 가해자가 되기를 원하지 않는다. 우리는 끊임없이 자신이 옳고, 자신이 피해자라고 주장하며 살아간다. 그러나 이 착각은 우리를 진실로부터 멀어지게 하고, 갈등을 해결하는 데 방해가 된다.

전쟁도 마찬가지이다. 전쟁의 주체들은 자신이 선을 지키기 위해

싸우고 있다고 주장한다. 그러나 그 선은 각자의 입장에서만 존재하는 상대적 개념일 뿐, 절대적인 진실은 아니다. 각자가 선을 주장하는 동안, 진정한 평화는 멀어지고, 고통은 점점 더 깊어질 뿐이다.

무지는 지식보다 더 큰 확신을 준다. 내가 잘 모르는 영역에서조차, 우리는 쉽게 자신이 옳다고 믿는 경향이 있다. 이는 곧바로 무모한 용기로 나타나고, 심각한 갈등을 초래한다. "무식한데 용감하기까지 하다"라는 말이 바로 이를 설명한다. 자신의 무지를 자각하지 못하고, 그것을 확신으로 착각하는 순간, 우리는 자신을 위험에 빠뜨리게 된다.

자신이 선이라고 확신하는 사람은 자신은 언제나 옳은 결정을 내린다고 믿는다. 그래서 자신이 행하는 모든 일에 정당성을 주장한다. 그러나 이 마취된 확신은 때로는 나쁜 결과를 초래할 수 있다. 예를 들어, 자신의 직무에서 충실히 일하는 것처럼 보였던 사람이 사실은 더 큰 문제의 원인이 되는 경우이다.

경찰이 은행강도를 붙잡았다는데 알고 보니 그 은행의 오래된 보안업체 직원이었거나, 음주 운전 단속을 피하려고 도망간 사람이 그

지역 음주 단속 경찰이었던 사례처럼 말이다. 모든 일에 자신을 보호하려는 심리는 자칫 사회적 규범마저도 자신의 것으로 만들어 버리는 우를 범한다. 인간은 모두 불완전한 존재들이며, 이 불완전함을 인정하는 것이 갈등을 줄이는 첫걸음이다.

모든 갈등의 시작은 내가 선하다는 착각에서 비롯된다. 그러나 진정한 평화는 내 안에 존재하는 갈등 요인을 인정하는 순간부터 시작된다. 그 인식은 단순히 자신을 나쁜 사람으로 규정하는 것이 아니라, 내가 언제든지 타인을 아프게 할 수 있고, 실수를 저지를 수 있다는 사실을 자각하는 것이다. 이러한 자각이 있을 때, 우리는 타인과의 관계에서 더욱 성숙하게 행동할 수 있다.

자신에 대하여 착각이 아닌 자각으로 살아야 한다. 자신의 올바른 정체성 인식은 모든 갈등을 풀 수 있는 열쇠이다.

나 역시 언제든지 타인에게 상처를 줄 수 있다는 사실을 깨닫는 순간, 우리는 더 이상 상대방을 일방적으로 비난하지 않는다. 이러한 성찰은 관계 속에서 갈등을 줄이는 중요한 역할을 한다.

모든 전쟁의 근본적인 원인은 상대방을 바꾸려는 시도에서 비롯된다. 우리는 타인을 통제할 수 없으며, 그들의 행동을 내 뜻대로 만들 수 없다. 그러나 우리는 자신을 통제할 수 있다. 자신의 감정과 행동을 성찰하며, 자신의 책임을 다하는 것이야말로 갈등을 줄이는 방법이다.

관계 속에서 갈등이 일어날 때, 우리는 흔히 상대방을 비난하며 문제의 원인을 그들에게 돌린다. 그러나 진정한 해결책은 나 자신을 돌아보고, 내가 해야 할 역할과 책임을 다하는 것이다. 자신을 자각하는 사람만이 책임을 인정하고, 갈등을 해결할 수 있다.

갈등이 일어날 때 상대방이 나에게 상처를 주더라도, 나는 그 상처에 휘둘리지 않고, 나 자신을 지키는 것이 중요하다. "너는 그래도 나는 그렇지 않게"라는 마음가짐은 갈등 속에서 나 자신을 보호하는 중요한 태도이다.

'욕하면서 배운다'라는 말이 있다. 남의 잘못된 말이나 행동을 보면서 나는 절대로 저렇게는 하지 말아야지 하면서도 어느새 자신도 똑같은 행동이나 말을 하게 된다는 뜻이다. 우리는 종종 타인의 부정적인 행동을 보고, 그들의 행동을 모방하거나 그로 인해 영향을 받는다. 하지만 중요한 것은 내가 그 행동을 배우지 않고, 자신의 가치관을 지키는 것이다. 타인이 나에게 상처를 주더라도, 나는 그 상처를 통해 나 자신이 더 악해지지 않도록 노력해야 한다.

모든 전쟁이 끝난 뒤에는 폐허만이 남듯이 전쟁이 가져오는 것은 승리나 패배가 아니라, 상처와 고통뿐이다. 나와 상대방 사이의 관계적 전쟁도 마찬가지이다. 우리는 갈등 속에서 승리를 원할지 모르지만, 결국 그 승리는 참된 의미를 가지지 못한다. 진정한 승리는 갈등을 해결하고, 서로를 이해하며, 평화로운 관계를 유지하는 것이다.

전쟁의 슬픈 이유는 모두가 자신이 옳다고 믿기 때문이다. 그리고 그 믿음이 갈등을 더 키우고, 서로를 이해하는 길을 막는다. 그러나 우리는 갈등 속에서도 평화를 찾을 수 있다. 그것은 상대방이 아니라 나 자신을 돌아보는 순간부터 시작된다.

나도 선하지 않을 수 있다는 것을 인지하고, 타인을 비난하는 대신 나 자신을 성찰하는 것. 그것이 전쟁을 멈추고, 평화의 관계를 만드는 첫걸음이다.

이 세상의 모든 전쟁이 다 평화로 끝나기를, 그리고 우리의 모든 갈등이 이해와 화해로 마무리되기를 간절히 바란다.

마음 기지개

내 삶의 모든 전쟁은
내 마음의 외피가 두꺼워지는 시간이다.
속상해 말고 속 강해집시다.

🌿 마음의 모서리에 스치다

모양이 네모 난 마음이 있었다. 이 네모난 마음은 본의 아니게 사람들을 아프게 했다. 날카로운 모서리, 뾰족한 각은 아무리 조심스럽게 다가가도 상대에게 상처를 주고 마는 것이었다. 네모는 자신의 의도가 그렇지 않았음을 알았지만, 사람들은 점점 그를 피하기 시작했다. 네모는 왜 사람들이 자신을 피하는지 이해할 수 없었고, 차츰 외로워지기 시작했다. 자신이 잘못한 게 아니라는 생각이 들었고, 오히려 자신을 피하는 이들이 원망스러워졌다.

그러던 어느 날, 한 친구가 나타났다. 그 친구는 세모난 마음을 가진 존재였다. 세모는 네모가 마음에 들었고, 친구가 되고 싶어 했다. 네모도 외로웠기에 세모의 다가옴이 싫지 않았다. 하지만 문제는 그 둘이 만나면 자주 부딪힌다는 것이었다. 네모와 세모, 둘 다 날카로운 모서리를 지니고 있었기 때문이다. 그들이 가까워지려 할수록 그들의 모서리는 상대를 찌르고 상처를 입혔다. 서로의 날카로움에 아파하면서도, 두 마음은 쉽게 떨어지지 못했다. 네모는 세모가 너무 날카롭다고 소리쳤고, 세모는 네모 너도 뾰족하다고 맞받아쳤다.

그렇게 하루 이틀, 매일 같이 부딪히고 또 부딪혔다. 모서리가 아프게 맞부딪힐 때마다 서로 상처를 입었지만, 이상하게도 그 과정에서 조금씩 그들의 날카로운 부분들이 깎여 나갔다. 시간이 흐른 어느 날, 둘의 모습은 어느새 둥글둥글해져 있었다. 이제 그들은 더 이상 상처를 주지 않았다. 서로를 다 받아들일 수 있는, 부드럽고 포용력 있는 동그란 마음이 된 것이다.

이제 어떤 일도, 어떤 말도 서로를 아프게 하지 않았다. 그들은 서로를 이해하고, 감싸 안으며 함께 둥글둥글한 시간을 보냈다. 그러다 어느 날, 그 둥근 마음들은 또 다른 네모난 마음을 만났다. 그 네모난 마음은 둥글둥글한 둘을 보며 감탄했다. 그들의 부드러움과 따뜻함이 너무 신기했고, 그들과 친구가 되고 싶어졌다. 둥근 마음들은 웃으며 네모를 반겼다. 그리고 네모가 가진 날카로움을 마치 다 알고 있다는 듯 그 날카로운 모서리를 자연스럽게 받아주었다. 네모는 처음으로 누군가가 자신을 있는 그대로 받아준다는 사실에 감동했고, 행복을 느꼈다.

시간이 지나면서 네모의 날카로운 모서리도 점점 부드러워졌다. 어느새, 네모는 더 이상 네모난 마음이 아닌 둥글둥글한 모습이 되었다. 그런데 둥글둥글한 마음들은 네모의 모서리로 파여 둥그런 마음의 모양에 홈이 자연스럽게 깎여 나간 것이 보였다. 누가 보기에도 예쁘고 독특한 모양이 되어 있었다. 그 마음이 바로 사랑이라는 특별한 모양, 하트(♡)가 되어 있었다. 이것이 우리가 알고 있는 사랑의 상징, 하트 모양의 탄생 설화이다. 믿거나 말거나.

이 이야기는 단순한 우화처럼 보일지 모르지만, 실은 우리 모두의 삶을 반영한 이야기다. 우리는 모두 모서리를 가진 마음을 안고 태어난다. 젊은 시절에는 그 모서리가 더 날카롭다. 우리는 세상과 사람들과 부딪히며 때로는 상처를 주고, 때로는 상처를 받는다. 그 과정에서 우리의 날카로운 모서리도 깎여 나간다. 그러면서 점점 더 둥글고 부드러운 마음을 가지게 된다.

이 모서리는 우리의 성격일 수도 있고, 자존심일 수도 있으며, 때로는 과거의 상처일 수도 있다. 우리는 다른 사람들과 관계를 맺으며,

그들의 모서리와 부딪힌다. 때로는 아프고 쓰라린 경험을 겪기도 한다. 그렇게 우리는 성장하고, 우리의 날카로운 부분들도 조금씩 다듬어져 간다. 그 부딪힘 속에서 비로소 우리는 둥근 마음을 얻어간다.

세상에는 완전한 사람이 없다. 모두가 각자의 모서리를 안고 살아가며, 그 모서리로 인해 때로는 충돌을 겪는다. 하지만 중요한 것은 그 충돌 속에서 우리가 어떻게 반응하고, 어떻게 성장하는가에 있다. 그 충돌이 나를 더 둥글고 부드러운 존재로 만들어 줄 수 있다면, 그것은 상처가 아닌 성장의 과정이 될 수 있다.

인간관계도 마찬가지다. 날카로운 사람과의 부딪힘은 때로 나에게 쓰라린 상처를 남긴다. 하지만 그 상처는 나의 모난 부분을 깎아내고, 나를 더 부드럽고 넓은 사람으로 만들어 준다.

우리는 누구나 날카로운 모서리를 가지고 있다. 누군가는 쉽게 화를 내고, 누군가는 냉정하게 거리를 두며, 또 누군가는 쉽게 상처를 받는다. 이 모든 것이 우리의 모서리다. 그리고 그 모서리는 다른 사람들과의 관계 속에서 반드시 부딪히게 되어 있다. 그 부딪힘이 아프고 힘들지 않을 수 없다. 그러나 그 과정에서 우리는 조금씩 다듬어지고 성장한다.

모서리에 스친 상처는 깊고 쓰라리지만, 돌이켜보면 그 상처 속에서 나 또한 내 모서리를 깎아냈음을 알 수 있다. 날카로운 마음은 쉽게 상처를 받지만, 그 상처를 통해 더 큰 사람으로 성장할 기회를 얻게 된다.

우리는 누구나 아프다. 마음이 아프고, 관계 속에서 상처받는다. 중요한 것은 그 아픔을 어떻게 치유하고, 그로부터 어떻게 성장하느냐에 있다. 마음의 아픔을 느낀다면, 그것을 방치하지 말고 치료해야 한다.

아프니까 청춘이다? 아니다. 아프니까 환자다. 마음이 아프면 치료를 받고, 그 아픔을 극복해야 한다. 우리는 모두 마음의 병을 안고 살아가는 환자다. 세상에서 받은 상처들, 부딪힘 속에서 생긴 마음의 흉터들. 그것을 치유하지 않고 그대로 두면, 우리는 더욱 아프게 된다.

상처는 치유될 수 있음을 기억하자. 그 아픔을 통해 우리는 더 건강한 마음을 가질 수 있다. 그 아픔은 우리를 부드럽고 둥글게 만들

기회이다. 상처는 나를 강하게 만들 수 있으며, 내 마음을 더 넓고 깊게 해줄 수 있다.

우리는 모두 모나고 날카로운 존재로 시작한다. 하지만 삶을 살아가며, 우리는 점점 더 둥글어져 간다. 서로를 이해하고, 받아들이며, 포용하는 마음이 생긴다. 그렇게 둥글어진 마음은 마침내 사랑이라는 모양으로 변해간다. 그 사랑은 더 이상 날카롭지 않으며, 누구에게도 상처를 주지 않는다. 우리의 마음도 그렇게 둥글둥글해질 수 있다.

그 과정은 고통스럽고 아프지만, 결국 우리는 사랑을 배워가며 성장한다. 사랑은 모든 것을 덮고, 모든 것을 품을 수 있는 가장 강력한 마음의 힘이다.

이제 마음의 모서리에 스치고 찔린 모든 사람과 함께 둥글어진 마음으로 살아가기를 바란다. 우리는 모두 각자의 상처를 안고 있지만, 그 상처 속에서 서로를 이해하고 함께 치유될 수 있다. 서로의 마음 모서리를 둥글게 깎아내며, 우리는 더 사랑하는 존재로 변해갈 수 있다. 오늘 내가 만난 모난 사람은 나를 부드럽게 할 의미적 존재가 된다.

마음 기지개

받은 상처가 크다면 받을 위로는 더 크고
겪은 이별이 크다면 겪을 사랑은 더 크고
느낀 절망이 크다면 느낄 희망은 더 큽니다.

지금까지의 나는 어제보다 더 큰 나입니다.

🍃 상처가 남긴 흔적들

인생을 살아가면서 누구나 크고 작은 상처를 받는다. 그 상처들에 관해 얘기하라고 한다면 아마 백과사전 분량의 이야기가 나올 것이다. 그만큼 인간은 상처를 안고 살아가는 존재들이다. 눈에 보이지 않지만, 우리의 마음속엔 수없이 많은 상처가 자리를 잡고 있다. 그중에서도 가장 큰 상처는 다름이 아닌 '말'에서 온다. 상대는 별생각 없이 내뱉은 말이었지만, 그 말은 때로는 날카로운 칼이 되어 나를 깊이 베기도 한다.

우리가 누군가와 나누는 말 한마디 한마디는 단순한 소리가 아니다. 말은 우리가 서로를 이해하고 감정과 생각을 나누는 도구이자, 마음을 담은 상징이다. 그래서 말할 때는 무게를 실어야 한다. 틀린 말이 아니라고 해도, 옳지 않은 말이라면 굳이 내뱉을 필요가 없다. 말은 신중하게 골라서 내놓아야 한다. 말이란 입에서 뱉지 말아야 할 것을 분별하여 내놓는 것이어야 한다. 말 한마디로 천 냥 빚을 갚는다는 속담처럼, 상대의 가슴에 꽃을 심는 마음이어야 한다.

하지만 우리의 삶에서, 때로는 그 말들이 잘못된 방향으로 던져져서 상처를 남기고 만다. 상대의 의도와 상관없이, 혹은 정말 의도적으로 던져진 말들이 우리 마음에 상처라는 흔적을 남긴다. 지우개가 없는 말은 흔적을 남기고, 그 흔적은 우리의 마음속에 오래도록 남는다.

상처는 말에서 시작된다. 하지만 그 말을 어떻게 받아들이느냐에 따라 그 상처의 깊이가 결정된다. 우리는 우리의 인생을 해석하는 능력이 필요하다. 누군가의 말이 나에게 상처가 되었다면, 그 말이 나에게 어떤 의미였는지, 왜 그 말이 그렇게 아프게 다가왔는지를 먼저 이해해야 한다. 그저 그 말 자체에 몰입하기보다, 그 말을 해석하고, 그 말이 내게 어떤 영향을 끼쳤는지를 돌아봐야 한다.

우리가 듣는 모든 말이 진정한 '말'은 아니다. 말과 소리를 구분하는 것은 마음을 지키는 중요한 방법이다. 만약 화난 강아지가 우리에게 달려와 짖는다면, 우리는 그 소리에 상처받을까? 아마도 그 짖음에 크게 영향을 받지 않을 것이다. 왜냐하면 그 짖음은 단지 '소리'일

뿐, 내게 아무런 의미 없는 사소한 일일 뿐이다.

우리가 듣는 사람의 말도 마찬가지다. 그 말이 진실하지 않다면, 그 말은 단지 소리일 뿐이다. 말은 그 사람의 삶을 반영한다. 만약 그 사람이 자신도 살아내지 못한 말을 내뱉는다면, 그 말은 말이 아니라 소리일 뿐이다. 굳이 그 말에 상처를 받거나, 그것을 내 마음에 새길 필요가 없다.

그저 소리라고 생각하고 넘겨버리는 것이 더 현명할 때가 많다. 우리 주변에 말이 아닌 소리로 떠들어대는 사람들이 많다. 그들이 무슨 말을 하든지, 의미 없는 소리라고 생각하면 그 말은 더 이상 내게 상처를 남기지 않을 것이다.

하지만 아무리 우리가 상처의 화살을 피하려 해도, 때로는 그 화살이 피할 수 없는 순간에 우리 마음을 찌른다. 애써 무시하려 했지만, 그 말이 마음에 깊이 박혀버린 경우도 있다. 그러면 우리는 어떻게 해야 할까?

상처로 가득한 마음일지라도, 그 상처를 어떻게 대하는가에 따라 그 상처는 나의 일부가 되고, 더 나아가 나를 성장시키는 계기가 될 수 있다. 상처는 아픔이지만, 그 아픔이 나를 완성하는 과정이기도 하다. 상처는 때로 우리가 살아있음을 느끼게 해주는 증거다. 그 상처를 통해 우리는 더 단단해지고, 더 성숙해진다. 그리고 그 상처들은 우리 인생의 한 부분이 되어, 더 깊고 넓은 사람이 되는 데 기여한다. 내가 받은 상처들이 나를 더 나은 사람으로 만들어 주었음을 기억하며, 그 흔적들을 감사하게 받아들여야 한다.

인생은 우리가 걸어온 길의 합이다. 그 길 위에는 수많은 상처의 흔적들이 남아 있다. 그 흔적들이 우리를 더 강하게 만들어 준다면, 그 상처는 더 이상 고통이 아니라 성장의 증거가 된다.

상처를 극복하는 가장 중요한 방법의 하나는 혼자서 그 상처를 견디려 하지 않는 것이다. 우리는 모두 상처를 안고 살아가는 존재다. 혼자가 아니기에, 우리는 서로의 상처를 이해하고 보듬을 수 있다. 함께하는 마음속에서 우리는 치유를 시작할 수 있다.

상처를 통해 얻은 깨달음과 성장은 우리가 더욱 사랑하는 존재가 되는 길로 이어진다. 그 상처들은 결국 우리를 더 깊고 넓은 사람으로 만들어 주며, 우리의 삶을 풍요롭게 한다. 상처는 우리가 살아있음을 증명하는 흔적이며, 그 흔적을 통해 우리는 더 나은 내일을 향해 나아갈 수 있다. 과거는 현재의 해설은 되어도 미래의 해결은 될 수가 없다.

내 마음에 상처가 가득하다 해도 그 상처의 어제를 쓰다듬고 오늘을 안아주자. 그리고 내일을 반기어서 매일 아름답게 나를 잘 기록하자. 내 인생의 모든 순간이 나의 역사이다.

마음 기지개

어른이라는 부름은
살아온 시간의 숫자가 아닌
살아온 시간만큼의 성숙입니다.

🍃 혼자서도 충분히 빛나는 순간들

사람은 혼자 있기를 두려워한다. 홀로라는 단어에는 고독과 외로움이 뒤따르기 때문이다. 우리는 어릴 때부터 공동체 속에서 자라왔고, 그 공동체에서 일원으로 인정받는 것을 배웠다. 그래서 무리에서 소외되거나 이탈할까 염려하는 것은 당연하다. 유행을 따르지 않으면 시대에 뒤떨어진 것처럼 느껴지고, 대중의 흐름에 맞추지 않으면 인생이 도태된 것 같은 압박감이 우리를 짓누른다. 그래서 우리는 대세를 좇고, 다수의 의견에 맞춰 살아가며, 혼자가 되는 것을 필사적으로 피하려 한다.

그러나 과연 무리에 속한다고 해서 우리의 삶이 더 나아지는 것일까? 다수가 외치는 것이 진리일까? 아니면 다수의 소리 속에서 내 목소리를 잃어버린 건 아닐까?

대중이 몰리는 꽃밭을 찾아 헤매는 대신, 내가 밟는 그 발자국 하나에서 꽃이 피어날 수 있다면, 그 길이 곧 나의 꽃길이 아닐까? 남들이 걷는 길을 따라 걷는 것보다, 내 발자국이 만들어 내는 나만의 길을 걷는 것이 더 아름다울지도 모른다. 우리는 종종 "꽃길을 걷고 싶다"며 남들이 이미 가꿔놓은 화려한 길만을 찾아 헤매곤 한다. 하지만 꽃길은 주어지는 것이 아니라 스스로 만들어 가는 것이다. 내 안에서 꽃이 피어나면, 그 꽃은 내 삶을 더 빛나게 할 수 있다. '내 한 몸이 꽃이면 온 세상이 봄이리' 어느 시인의 말처럼.

공동체의 일부로서, 그 속에서 안정감을 찾는 것도 중요한 삶의 방식이다. 그러나 혼자만의 길을 걷는 순간, 스스로 빛나는 삶의 가치를 발견하게 된다. 대중적인 것이 언제나 진리인 것은 아니다. 모두가 외치는 소리에 나도 동참해야 할 이유는 없다. 우리는 각자의 별을 가지고 있으며, 그 별은 남들과 비교할 수 없는 독특한 빛을 발할 수 있다.

하늘의 별을 따려고 너무 먼 곳만을 쳐다볼 필요는 없다. 하늘에 반짝이는 별이 아니라, 나 자신이 별이 될 수 있다. 나의 삶을 별처럼 빛나게 하는 것은 나의 선택에 달려 있다. 아주 먼 미래에 이루고 싶은 이상을 바라보며 초조해하기보다는, 오늘 하루의 일상을 사랑하는 것이 진정한 행복일지도 모른다.

혼자라는 것은 무언가를 잃어버린 상태가 아니다. 오히려 혼자일 때, 우리는 자신의 가치를 더욱 깊이 들여다볼 수 있다. 세상은 우리에게 끊임없이 '함께'를 외친다. 하지만 때로는 '함께'라는 외침 속에서 정작 나 자신은 어디에 있는지 잊어버릴 때가 많다. 모두가 하나가 되기를 외치는 그 순간, 정작 개인은 사라지고 오직 단체만 남는다. 우리는 점점 자신을 잃어가며, 남들의 의견과 흐름에 동화되어 버린다.

세상을 움직였던 위인들은 대부분 혼자만의 시간 속에서 큰 깨달음과 변화를 불러왔다. 고독 속에서 자신을 마주하고, 그 속에서 자신을 성장시켰던 그들은, 결코 대중의 흐름에 휩쓸리지 않았다. 그들은 혼자서도 충분히 빛나는 방법을 알고 있었다. 그들이 혼자인 시간은 절대 외롭지 않았다. 오히려 그 고독은 그들의 내면을 더 깊고 넓게 만들었다.

현대사회는 우리를 끊임없이 공동체 속으로 밀어 넣는다. 개인의 가치는 점점 희미해지고, 단체의 이익이 우선시되는 세상이 되었다. 그러나 진정한 자생력은 내가 누구인지, 내 가치가 무엇인지를 알고, 그것을 지키는 데서 온다. 외부의 흐름에 좌우되지 않고, 내면의 힘으로 나를 단단하게 세워나가는 것이 혼자서도 충분히 빛나는 삶을 만드는 첫걸음이다.

혼자가 된다는 것은 자신을 만나는 시간이다. 다른 사람들과의 관계 속에서 나를 발견하는 것도 중요하지만, 혼자일 때 우리는 더 깊이 나를 들여다볼 수 있다. 무리 속에서 우리는 종종 내 욕구와 소망을 억누르고, 타인의 기대에 맞추며 살아간다. 하지만 혼자 있는 순간, 우리는 비로소 타인의 시선에서 벗어나 진정한 나의 모습을 마주하게 된다.

혼자라는 시간이 꼭 외롭고 고통스러운 것은 아니다. 오히려 그 고독 속에서 나만의 빛을 찾아내는 순간들이 있다. 그 빛은 다른 누구와도 비교되지 않는 나만의 고유한 빛이다. 혼자 있을 때 비로소 우리는 우리 안에 숨겨져 있던 진정한 힘과 아름다움을 발견하게 된다.

혼자가 되는 시간을 두려워하지 말자. 그 시간을 통해 나 자신과 대면하고, 나의 내면을 채우는 법을 배워야 한다. 혼자서도 충분히 빛날 수 있는 사람만이, 다른 사람과도 조화롭게 빛날 수 있다. 우리는 무리 속에서만 빛나는 존재가 아니라, 혼자서도 충분히 빛날 수 있는 존재임을 기억해야 한다.

세상은 끊임없이 우리에게 소리를 던진다. 함께 해야 한다고, 나도 그 흐름에 동참해야 한다고, 외쳐댄다. 그러나 그 소음 속에서 우리는 정작 나 자신을 잃고 만다. 외부의 소음에 귀를 기울이는 대신, 나 자신의 목소리에 귀를 기울일 필요가 있다. 혼자만의 시간 속에서, 우리는 비로소 외부의 소음을 차단하고, 내 안에서 울려 퍼지는 진정한 소리를 들을 수 있다.

모두가 외치는 소리를 나도 따라 외칠 필요는 없다. 세상의 목소리가 아무리 크더라도, 그 소리가 나에게 진정한 울림을 주지 않는다면, 그저 흘려보내도 괜찮다. 나만의 소리를 찾는 것이 더 중요하다. 그 소리는 내 삶을 이끄는 힘이 되고, 나의 방향을 결정짓는 나침반이 된다.

혼자서도 충분히 빛날 수 있다는 믿음을 가지자. 혼자라는 시간은 우리를 성장시키고, 더 강한 사람이 되도록 만들어 준다. 그 시간은 외로움이 아니라, 자기 자신과의 대화의 시간이 될 수 있다. 그리고 그 시간 속에서 우리는 더 깊은 깨달음을 얻고, 삶의 방향을 다시 설정할 수 있다.

세상이 요구하는 기준에 맞추지 않아도 괜찮다. 남들과 다른 길을 가는 것이 두려운 일이 아니다. 오히려 나만의 길을 걸을 때, 우리는 더 빛나는 순간들을 맞이하게 된다. 혼자 있는 시간 속에서 자신을 사랑하고, 그 사랑을 바탕으로 내 삶을 빛나게 할 수 있는 힘을 기르자.

우리는 누군가의 인정과 관심이 없더라도 충분히 가치 있는 존재다. 타인의 시선에 얽매이지 않고, 내 삶을 스스로 가꾸어 나가는 순간, 우리는 혼자서도 충분히 빛날 수 있다. 그 빛은 다른 어떤 것과도 비교할 수 없는, 오직 나만의 빛이다. 혼자서도 충분히 빛나는 순간들, 그것은 우리가 진정으로 살아있음을 느끼게 해주는 순간들이다.

밤하늘에 빛나는 수많은 별을 보며 우리는 감탄한다. 그 별들은 혼자서도 충분히 빛난다. 혼자 있는 별이 더 외롭거나 어둡지 않다. 오히려 홀로 빛나기 때문에 더욱 선명하고 찬란하게 빛날 수 있는 것이다.

우리도 마찬가지다. 혼자서도 충분히 빛나는 별처럼, 우리는 각자의 자리에서 빛날 수 있다. 타인의 인정이나 관심에 의존하지 않고, 나 자신이 스스로 빛날 수 있는 존재임을 깨닫는 순간, 우리는 더 자유로워진다. 혼자라는 시간이 우리를 더 아름답고 빛나게 만든다. 혼자일 때 비로소 우리는 더 깊고 넓은 세상을 바라볼 수 있다. 혼자라는 것은 고립이 아니라, 오히려 우리를 더 넓은 세계로 이끌어 줄 것이다.

내가 나로 되어가는 성장의 시간!
'Alone'은 'All One'이다.

마음 기지개

행복은 필요적인 조건의 소유보다
불필요한 것들을 포기할 때 얻습니다.
행복은 조건이 아닌 탈출 선언입니다.

Chapter 3

다름이라는 무지개

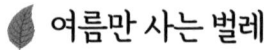 여름만 사는 벌레

모든 인간은 자기 경험 속에 갇혀 살아간다. 우리가 지금의 모습으로 살아가고 있는 이유는, 그간 겪어왔던 모든 일들이 나의 인격과 내면을 형성했기 때문이다. 시간 속에 응집된 나의 경험들이 현재의 나를 만든다. 그러니 인간은 결국 자신이 체험한 것만을 보고, 느끼고, 말할 수밖에 없다.

이것이 우리가 가진 한계다. 이 한계는 무시할 수 없는 힘을 가지며, 사람들 간의 관계적 마찰을 일으킨다. 우리는 서로 다른 경험을 바탕으로 서로를 이해하려 하지만, 그 과정에서 오히려 충돌을 겪는다.

나만의 경험을 통해 얻은 지식은, 나에게는 절대적이다. 그것을 넘어서서 다른 사람의 경험을 이해하고 인정하는 것은 매우 어렵다. 이는 '경험된 지식의 저주'라 불릴 수 있다. 우리는 나의 경험만이 옳다고 믿는 경향이 있다. 그리고 그 믿음은 다른 사람의 경험을 인정하지 못하게 한다. 나의 경험에서 얻은 범위 밖의 이야기는 나에게 낯설고, 종종 받아들이기 어려운 것이 된다. 그로 인해 우리는 자신만의 틀에 갇히고 만다. 바로 확증편향이다.

이러한 현상은 인간관계에서도 빈번하게 발생한다. 우리는 누구나 자신만의 경험과 가치관을 바탕으로 살아가기에, 상대방의 생각을 온전히 이해하고 받아들이는 것이 쉽지 않다. 관계의 마찰은 바로 이 지점에서 발생한다. 각자 자신의 경험 속에서 갇혀 있기 때문에, 서로가 보는 세상은 다를 수밖에 없다.

'여름만 사는 벌레'라는 말은 바로 이런 상황을 설명하기에 적합하다. 여름만 사는 벌레는 겨울을 알지 못한다. 그들에게 겨울을 설명하려는 것은 무모한 일일 뿐이다. 아무리 겨울의 차가움과 그것을 대비해야 함을 설명해도, 그들은 이해할 수 없다. 왜냐하면 그들은 겨울을 경험해 본 적이 없기 때문이다.

우리의 인간관계도 마찬가지다. 어떤 이들은 자신이 경험한 것만이 진리라고 믿고, 다른 이의 경험을 이해하려 하지 않는다. 그들은 자신의 세상만을 알고, 그 밖의 세상은 인정하려 하지 않는다. 마치 여름만 사는 벌레처럼, 다른 계절을 상상조차 할 수 없기에 다른 관점을 받아들이지 못한다. 그러니 겨울을 사는 나는 그들에게 무리한 설명을 시도할 필요가 없다. 그들이 겨울을 이해하지 못하는 것은 그들의 한계일 뿐, 그들을 비난할 일은 아니다.

인간의 가치관과 세계관은 쉽게 변화하지 않는다. 그것은 오랜 시간 쌓여온 경험의 집합체이기 때문이다. 우리는 누군가를 변화시키려는 시도를 종종 한다. 그러나 상대방의 세계를 바꾸는 것은 불가능에 가깝다. 사람은 자신의 경험에 갇혀 살아가며, 그 안에서만 세상을 바라보기 때문에, 외부에서 오는 변화의 시도를 쉽게 받아들이지 않는다. 여름만 사는 벌레에게 겨울을 말한다고 해서 그 벌레가 겨울을 살 수 있을까? 변하지 않는 대상에게 내 에너지를 소모하는 것은 결국 나 자신을 지치게 할 뿐이다.

우리는 상대를 변화시키려는 무모함을 버려야 한다. 아무리 설득해도 상대방은 자신의 경험 안에서만 머물러 있을 것이다. 그들에게 나의 세상을 강요할 필요가 없다. 오히려 그들과의 관계에서 나의 한계를 인식하고, 내가 어떻게 반응해야 할지를 고민하는 것이 더 현명한 방법일 것이다.

그렇다면 우리는 어떻게 해야 할까? 상대방을 변화시키기보다는 나 자신에게 집중해야 한다. 내가 변화하지 않는 대상에게 에너지를 소모하는 대신, 나 자신을 돌아보고 발전시킬 방법을 찾는 것이 중요하다. 나의 삶에서 만나는 모든 순간은 나를 더 나아지게 할 기회가 된다. 상대방의 불변함에 집착하지 말고, 내가 더 좋은 사람이 되기 위한 길을 찾아야 한다.

우리는 모두 자기만의 세상을 가지고 살아간다. 그렇기에 새로운 세상을 보는 것이 아니라, 새로운 나를 바라보는 것이 더 중요하다. 매일 나는 나의 경험과 선택을 통해 조금씩 변화하고 성장할 수 있다. 남들을 변화시키려는 시도는 때로 무의미하지만, 나 자신을 변화시키는 일은 언제나 가능하다.

모든 사람은 서로 다른 경험을 가지고 살아간다. 그 다름을 인정하고 받아들이는 것이 진정한 성숙이다. 누군가가 나와 다른 생각을 하고 있음을 깨닫고, 그것을 존중하는 태도가 필요하다. 우리는 서로 다른 계절을 살고 있는 존재들처럼, 각자 다른 경험 속에서 살아가고 있다. 그러니 상대방이 나와 다르다는 이유만으로 그들을 비난하거나 변화를 요구해서는 안 된다.

나의 세상에서 겨울이 필수적일지라도, 누군가에게는 여름만이 전부일 수 있다. 그들이 나를 이해하지 못한다고 해서 그것이 곧 그들의 잘못은 아니다. 그저 그들은 나와는 다른 세상을 살고 있을 뿐이다. 서로의 삶의 방식과 다름을 이해하고 인정하는 순간, 우리는 더 많은 것을 배울 수 있다.

서로의 경험에서 배운 교훈은 다르지만, 그것이 잘못된 것은 아니다. 탁구채를 든 사람과 테니스 채를 든 사람과는 서로 경기할 수 없듯이 말이다.

우리는 새로운 세상을 발견하기보다, 새로운 나를 발견하는 것이 더 중요한 시점에 있다. 다른 사람을 변화시키려는 시도를 멈추고, 내가 어떻게 더 나은 사람이 될 수 있을지를 고민하자. 나의 경험을 통해, 그리고 타인의 경험을 존중하며, 우리는 더 성숙한 존재로 나아갈 수 있다.

우리는 모두 자신만의 계절 속에서 나름의 삶을 살고 있다. 서로 다른 계절 속에서 살아가는 존재들임을 잊지 말자. 그리고 그 다름의 차이 안에서 나를 더 깊이 들여다보고, 나를 더 사랑하는 법을 배워야 한다. 새로운 나를 발견하는 순간, 우리는 더 넓은 세상 속에서 진정으로 살아갈 수 있을 것이다.

마음 기지개

인간은 아는 만큼만 삽니다.

아는 만큼만 보이고 아는 만큼만 들립니다.

나의 경험만이 전부라고 여기는 순간

나는 그저 일부만 됩니다.

나를 확장합시다.

감싸 안는 시간의 무게

우리는 모두 저마다의 삶의 성향을 보이고 살아간다. 각자의 경험과 가치관이 다르기 때문에, 다른 사람을 이해하는 일은 절대 쉽지 않다. 특히 나와 전혀 다른 성향을 보인 사람을 상대하는 일은 세상에서 가장 어렵다고 느껴질 때가 많다. 내가 진심으로 내놓은 의견과 생각을 상대가 부정적으로 받아들이는 순간, 마음 깊은 곳에서부터 갈등이 피어오른다. 이런 상황에서 어떻게 해야 할까? 손절이 답일까?

누구나 곁에 그런 사람이 있다. 내 말에 끊임없이 반박하고, 내 행동을 이해하지 못하는 사람. 그 사람과의 관계는 늘 불편하고 피곤하다. 그럴 때는 손절이라는 단어가 때때로 유혹적으로 들리기도 한다. 하지만 세상의 모든 의견 충돌에 손절이 답이 될 수는 없다. 갈등이 생길 때마다 관계를 끊어버리는 것이 해결책이라면, 우리는 끝없이 혼자가 되어버릴 것이다. 그렇기에, 우리는 그 마찰 속에서 한 발짝

물러나, 넓은 시야와 포용력을 갖추는 역량을 길러야 한다.

 사람들은 모두 자기만의 편향된 시각을 가지고 살아간다. 이것은 인간 본성의 일부다. 자신만이 옳고, 자신만이 답이라는 확신 속에서 살아가며, 타인의 생각을 받아들이기보다는 자신의 견해를 더욱 강화하려 한다. 성인군자들이 위대한 이름으로 불리는 이유도 여기에 있다. 그들은 인간 본성의 이러한 편향에서 벗어나, 넓은 시야로 세상을 바라보고 타인을 포용할 수 있는 사람들이기 때문이다.

 그러나 우리가 모두 성인이 될 수는 없다. 하지만 자기 편향에 중독되지 않도록 자신을 돌아볼 필요는 있다. 자기 확신이 지나치면 사랑조차 폭력이 되기 마련이다. 우리가 누군가를 진심으로 사랑한다고 믿으면서도 그 사랑이 상대방에게 상처가 될 때가 있다. 사랑을 내 방식대로만 강요하고, 그 사랑이 유일한 진리라고 믿는 순간, 관계는 깨어지고 상처는 깊어진다.

 그래서 우리는 자기 자신을 먼저 알아야 한다. 나의 단점을 아는 것은 최고의 지식이며, 타인의 장점을 아는 것은 진정한 지혜다. 배움은 단순히 지식을 쌓는 것이 아니라, 내가 누구인지를 깊이 깨닫는 것이다. 나를 발견한 사람은 타인을 품을 수 있는 여유와 지혜를 갖추게 된다. 타인을 감싸 안는다는 것은 절대 쉬운 일이 아니지만, 그 과정을 통해 우리는 더 깊고 넓은 사람이 될 것이다.

 타인을 감싸 안는 시간의 무게는 절대로 가볍지 않다. 나를 오랜 시간 동안 인내하며 상대의 입장에서 생각해보는 과정은 고통스럽기도 하고 때로는 무력하게 느껴질 수도 있다. 그러나 그 시간이 쌓이면 쌓일수록 결국 나의 성품과 가치관은 더욱 단단해지고, 내 마음의 그릇은 넓어진다. 우리는 흔히 인내하는 시간이 그저 버려지는 시간이라고 생각할 때가 많다. 하지만 절대 그렇지 않다. 인내의 시간은 나의 내면을 성장시키는 가장 중요한 재료다.

 그 무게만큼 나의 성품은 더 깊어지고, 나의 지혜는 더 넓어지며, 나의 삶은 한층 더 성숙해진다. 사람들과의 갈등 속에서, 우리는 이기려는 마음을 버려야 한다. 지는 것이 이기는 것이다. 이기려고만 하면, 그 순간에는 승리할지 몰라도 결국 그 승리는 진정한 의미를 잃는다. 반대로, 질 때 우리는 더 많은 것을 배우고 성장할 수 있다. 진정한 승리는 상대를 이기는 것이 아니라, 나 자신을 이기는 것에 있다.

어느 숲속에 키 작은 나무 한 그루가 있었다. 이 나무는 숲에서 가장 높은 나무가 되어 저 숲 너머의 먼 곳의 세상을 보고 싶은 꿈이 있었다. 하지만 키 작은 나무 주변에 빽빽이 들어선 키 큰 나무들은 그에게 "너는 너무 작아. 그런 꿈은 무모해"라고 말했다. 키 작은 나무는 그런 말을 들을 때마다 마음이 아프고 상처도 받았지만, 곧 기운을 차리고 그들의 말을 맘속에 담지 않았다. 그리고 매일매일 더 크게 자라기 위해 밝은 해를 받고자 가지를 뻗으며 애를 썼고 비가 올 때마다 뿌리를 더 깊게 내리려 큰 노력을 했다.

시간이 지나면서 작은 나무는 점점 자라나기 시작했다. 그러나 큰 나무들은 여전히 그를 비웃으며 "그만둬라, 너는 절대 우리처럼 되지 못해"라며 더 크게 비웃어 댔다. 키 작은 나무는 그들의 놀림과 비웃음에도 불구하고 더 열심히 노력했다. 매일 매일을 한결같이.

몇 년이 흘렀다. 키 작은 나무는 예전보다 어느 정도 더 자라났지만, 여전히 큰 나무들에 비해서 턱없이 부족함을 느꼈다. 그러던 어느 날이었다. 숲에 큰 태풍이 불었다. 태풍의 강력한 바람을 피할 길이 없던 키 큰 나무들을 밤새 모든 바람을 다 맞고서 도미노처럼 모두 쓰러지고 말았다.

하지만 숲에서 오직 키 작은 나무만이 태풍을 맞지 않았다. 키가 작았기 때문이었다. 아침이 밝았다. 키 작은 나무의 눈은 커다래졌다. 그의 눈앞에서 저 멀리 숲 너머의 세상이 들어왔기 때문이다. 키 작은 나무의 눈을 가렸던 키 큰 나무들이 모두 넘어져서 앞에는 그토록 보고 싶었던 세상이 펼쳐져 있었다.

결국 키 작은 나무는 숲에서 가장 높은 나무가 되었다.

이 이야기는 상대와의 싸움을 말하지 않는다. 남과 견주어 그들을 변화시키기보다는 내가 할 수 있는 일을 묵묵히 해갈 때 주어지는 삶의 결과를 말하고 있다.

상대와의 싸움보다는 나 자신과의 담금질이 중요하다. 그리고 나를 이해하는 것이 먼저다. 내 안의 단점을 인정하고, 나의 편향된 시각을 깨닫는 순간, 타인을 품을 수 있는 진정한 지혜가 생긴다. 상대를 감싸 안는다는 것은 상대를 변화시키기 위해 노력하는 것이 아닌 그들의 모습 그대로를 받아들이고, 그 안에서 나의 내면을 성장시키는 것이다.

여름을 사는 벌레가 겨울을 이해할 수 없는 것처럼, 우리는 때때로 상대의 세계를 온전히 이해하지 못할 때가 있다. 그럴 때는 그들을 바꾸려는 노력을 멈추고, 그저 그들의 존재를 받아들여야 한다. 나와 다르다는 이유만으로 상대를 배척하거나 바꾸려 하지 말자. 우리는 모두 저마다의 시간 속에서 각자의 삶을 살아가고 있다.

인내하며 참았던 그 시간은 결코 버려지는 시간이 아니다. 오히려 그 시간은 나를 더 단단하게 만들고, 나를 더 깊고 넓은 사람이 되게 한다. 그러니 이기려고만 하지 말자.

때로는 지는 것이 더 큰 이득을 가져온다. 오직 이기려는 대상은 나 자신이 되어야 한다. 나 자신을 이기는 사람에게 주어지는 선물은 타인을 이해하고 품을 수 있는 넓은 마음과 성품이다.

마음 기지개

선생의 대우를 요구하지 말고
선생의 책임을 살아내면 되고
어른의 대접을 요구하지 말고
어른의 자격을 갖춥시다.
높은 이름이란 낮은 삶이 주는 선물입니다.

다름을 껴안는 법

우리는 인생에서 수많은 사람을 만난다. 그리고 그들은 우리와 다르다. 단순히 외모만이 아니라, 생각, 가치관, 습관, 그리고 그들이 세상을 바라보는 방식까지도 우리와 다를 수 있다. 그러나 그 '다름'을 진정으로 이해하는 일은 절대 쉽지 않다.

왜냐하면 인간은 누구나 자기중심적인 사고방식을 가지고 있기 때문이다. 내가 느끼는 감정과 경험, 내가 옳다고 믿는 가치가 당연히 타인에게도 동일할 것이라고 착각하며 살아간다. 그래서 내가 좋아하는 것은 상대도 좋아할 것이라고 확신하고, 내가 옳다고 믿는 것은 상대방에게도 옳다고 여긴다. 이런 사고방식은 타인과의 차이를 이해하고 수용하는 것을 어렵게 만든다.

우리는 누구나 그런 경험을 해봤을 것이다. 내가 소중하다고 느끼는 가치를 남에게 이야기했을 때, 그들이 그다지 공감하지 못하는 모습을 보며 당황스러워했던 순간들. 혹은 내 주변 사람들이 나와는 너무 다른 성향과 가치관을 따르고 있어 갈등을 겪었던 기억. 사실 이런 마찰은 우리 일상에서 피할 수 없는 일이다. 우리는 모두 각자의 인생을 살아가고, 각자의 경험을 통해 세상을 바라본다. 그런데도, 우리는 종종 자신만의 관점으로 세상을 판단하고 타인을 바라보며, 그 과정에서 자연스레 상대와 충돌하게 된다.

타인과의 차이를 받아들이고 껴안기 위해서는 먼저 나 자신이 갖고 있는 고정관념과 편견을 인식해야 한다. 우리가 가진 많은 생각과 믿음은 사실 경험과 환경에 의해 형성된 것들이다. 그 생각이 절대적인 진리가 아니며, 상대방 역시 그들만의 경험을 통해 형성된 독자적인 세계관을 가지고 있음을 인정할 수 있어야 한다. 다름을 껴안는다는 것은 단순히 상대방의 의견에 무조건 동의하거나 그들의 행동을 무조건 받아들이는 것을 의미하지 않는다. 그것은 오히려 서로 다른 관점이 존재할 수 있음을 이해하고, 그 다름을 존중하는 데서 시작된다.

나와 다른 것은 결코 틀린 것이 아니다. 많은 사람이 자신과 다른 것을 '틀린 것'으로 인식하고, 그것을 고치거나 바꿔야 한다고 생각한다. 그러나 우리가 간과하는 것은, 타인에게도 나 역시 다른 존재일 수 있다는 사실이다. 내가 옳다고 믿는 것이 타인에게는 오히려 낯설고 이해할 수 없는 것이 될 수 있는 것처럼, 그들의 가치와 행동 또한 나에게는 때때로 이질적으로 느껴질 수 있다. 그 다름을 인정하고 수용하는 과정은 쉽지 않지만, 그것이야말로 진정한 성숙으로 가는 길이다.

어느 마을에 두 명의 장인이 있었다. 한 명은 파란 불꽃을 잘 다루는 장인이었고, 다른 한 명은 붉은 불꽃을 잘 다루는 장인이었다. 이 둘은 각자 자신만의 불꽃을 자랑하며, 자신의 불꽃이 더 아름답고 강력하다고 주장했다. 파란 불꽃을 사용하는 장인은 자신이 다루는 불꽃이 더 차갑고 지속적이라고 말했고, 붉은 불꽃을 사용하는 장인은 자신의 불꽃이 더 뜨겁고 눈부시다고 자부했다.

그러던 어느 날, 마을에 아주 중요한 의식을 위한 제단을 만들게 되었다. 이 제단은 특별한 불꽃으로 밝혀져야 했고, 마을 사람들은 두 장인 중 누가 이 의식을 위한 불꽃을 피울지 논의하기 시작했다. 파란 불꽃이냐 붉은 불꽃이냐로 의견이 갈렸고, 결국 두 장인에게 합심해 불꽃을 만들라는 요청이 내려졌다.

처음에는 서로의 불꽃을 섞으려 하지 않았던 두 장인은 제단 위에서 파란 불꽃과 붉은 불꽃을 동시에 피우기로 했다. 하지만 각자의 불꽃을 따로 피웠을 때, 불은 금방 꺼지고 충분한 열도 발생하지 않았다. 그러자 두 장인은 고민 끝에 불꽃을 섞어보기로 했다.

이들이 각자의 불꽃을 적절하게 섞자, 놀랍게도 파란 불꽃과 붉은 불꽃이 함께 어우러져 보랏빛의 강력하고 아름다운 불꽃이 피어올랐다. 이 불꽃은 오랫동안 타올랐고, 마을 사람들은 그 불꽃의 아름다움에 감탄했다.

각기 다른 성질을 가진 두 요소가 함께 어우러질 때, 더 강하고 아름다운 결과가 나올 수 있다. 마찬가지로, 나와 다른 사람과의 조화는 때로 더 큰 성과를 이룰 수 있다. 서로 다른 사람들이 조화를 이루며 살아가는 것이 더 나은 결과를 낳기도 한다.

우리는 서로 다른 존재이기 때문에 그만큼 아름답다. 모두가 똑같은 생각과 가치관을 따르고 있다면, 세상은 얼마나 무미건조할까? 나와 다른 사람을 만난다는 것은 또 다른 세계를 만나는 것과 같다. 그 만남 속에서 우리는 더 넓은 시야를 얻게 되고, 그들을 통해 나의 한계를 확장할 기회를 얻게 된다. 마치 서로 다른 우주가 충돌하여 새로운 빅뱅을 일으키듯, 타인과의 다름은 때로는 나에게 고통을 줄 수도 있지만, 결국 그 만남을 통해 내 삶은 더 풍요롭고 확장될 것이다.

우리는 인간관계 속에서 상처받고, 이해하지 못하는 사람들과의 마찰 속에서 지칠 때도 많다. 그러나 우리는 그 다름 속에서 배워야만 한다. 다름은 불편함을 동반하지만, 그 불편함 속에서 우리는 새로운 배움을 얻는다. 그리고 그 배움은 나 자신을 성장시킨다.
 나와 다른 사람들과의 마찰은 피할 수 없다. 그러나 그 다름을 인정하고 받아들이지 않는다면, 그 관계는 결코 아름다워질 수 없다. 다름을 껴안는다는 것은 그 관계의 아름다움을 만들어 가는 첫걸음이다.

사실 우리 자신도 누군가에게는 이해하기 어려운 존재일 수 있다. 내가 생각하는 옳고 그름이 타인에게는 전혀 다르게 보일 수 있다. 나는 내가 좋은 사람이라고 생각할지라도, 타인의 시선에서는 그렇지 않을 수도 있다. 그렇기 때문에 우리는 자신이 완벽하다고 단정 짓지 말아야 한다.

다름을 받아들이는 여정은 나 자신을 돌아보는 일이다. 우리는 타인의 다름을 이해하고 수용하는 과정에서 우리 자신을 더 깊이 이해하게 된다. 나와 다른 사람을 만날 때마다 우리는 우리의 한계를 다시 한번 마주하게 되고, 그 다름이 우리에게 불편함을 줄 때마다 우리는 우리의 약점을 발견하게 된다. 그 순간들이야말로 나 자신을 성장시키는 기회이다.

결국 다름을 받아들이는 일은 우리를 더 나은 사람으로 만들어 준다. 상대방이 나와 다르다는 이유로 불편해질 때, 우리는 그 다름 속에서 나 자신을 돌아보고 더 깊은 이해와 성장을 경험하게 된다. 다름은 나에게 새로운 시각을 열어주고, 내가 몰랐던 부분들을 깨닫게 해준다. 그 과정을 통해 우리는 조금씩 더 넓고 유연한 사람이 될 수 있다.

타인의 다름을 존중하고 수용하는 것은 나 자신을 확장시키는 일이다. 그로 인해 우리는 더 나은 인간으로 거듭날 수 있을 것이다. 인간은 모두가 조금씩 부서진 존재이다. 단지 온전함을 향해 조금씩 나아갈 뿐이다. 자. 오늘부터 한 걸음이다!

마음 기지개

남을 위하여 있는

순수한 존재로서의 사랑은

자기 자신으로부터

자유롭게 된 사람에게만 가능합니다.

사랑이란 자기 요구로부터 탈출입니다.

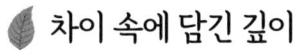 차이 속에 담긴 깊이

성숙이란 무엇일까? 우리는 종종 나이가 들수록 성숙해진다고 생각하지만, 성숙은 단순히 세월의 흐름이나 몸의 성장만으로 이뤄지지 않는다. 성숙은 마음과 정신의 깊이를 더해가는 과정, 자신의 세계를 넘어서는 확장된 시야를 가지는 것이다.

그렇다면 성숙은 무엇에서 시작될까? 바로 나의 기준을 열고 바깥으로 나가는, 내면의 문을 여는 확장의 산책에서 시작된다. 성숙은 경험과 지식에 갇히지 않는 것이다. 자신이 아는 것만으로 세상을 해석하고 판단하는 것이 아니라, 타인의 시선과 경험을 이해하고 받아들이며 더 넓은 세상을 향해 나아가는 정신적 확장이 바로 성숙이다.

우리는 살아가면서 많은 변화를 경험한다. 그러나 그 변화가 진정한 성숙으로 이어지기 위해서는 그 안에 '배움'과 '이해'가 있어야 한다. 성숙은 단순히 시간이 흐르면서 저절로 이루어지는 것이 아니라,

그 시간을 통해 자신을 점검하고 타인과의 차이 속에서 새로운 가치를 발견하는 능력에서 비롯된다. 내가 믿는 진리와 타인의 진리가 다를 수 있음을 인정하고, 그 서로의 다름 속에서 나의 한계를 넘어서는 것이 성숙의 과정이다.

그렇다면 미숙이란 무엇일까? 미숙은 성장만 있고 성숙이 없는 상태를 말한다. 몸은 성장했지만, 정신적인 확장이 없는 사람, 즉 자신의 기준과 틀 안에 갇혀 살아가는 사람을 우리는 미숙하다고 한다. 그들은 자신이 가진 경험과 지식을 절대적으로 믿으며, 그 틀에서 벗어나지 않으려 한다. 이런 사람은 타인과의 차이에서 불편함을 느끼고, 그 불편함을 넘어설 수 있는 지혜를 가지지 못한다. 결국 미숙한 사람은 타인의 다름을 받아들이지 못하고, 그로 인해 갈등과 분노를 키워간다.

우리는 모두 성장과 성숙 사이에서 균형을 맞춰가야 한다. 단순히 나이가 든다고 해서 성숙해지는 것은 아니다. 나이가 들수록 고집이 더 강해지기도 하고, 자신의 신념에 갇히기 쉬워진다. 하지만 성숙한 사람은 나이를 먹을수록 자신의 신념을 더 점검하고, 타인과의 차이에서 자신을 되돌아보며 정신적인 성숙도를 높여간다. 반면, 미숙한 사람은 자신의 세계관이 흔들릴 때마다 불만과 분노를 안고 살며, 타인을 탓하고 세상에 대한 원망을 키운다.

우리가 살아가면서 가장 경계해야 할 것은 무지이다. 무지는 지식보다 더 큰 확신을 가지게 만든다. 내가 옳다고 믿는 것에 대한 의심이 없을 때, 우리는 성찰을 잃고 그 확신 속에서 오만해진다. 무지는 자신이 옳다고 믿는 것을 절대적으로 여기며, 그로 인해 타인의 의견을 듣지 않고, 심지어 불법적인 행동마저 정당화한다.

성숙한 사람은 자신이 모르는 것이 무엇인지 알고, 그 무지를 채우기 위해 배움을 멈추지 않는다. 반대로 미숙한 사람은 자신이 이미 모든 것을 알고 있다고 생각하며, 더 이상 배우려고 하지 않는다.

지식은 습득할 수 있지만, 지혜는 경험과 성찰 속에서 길러진다. 우리는 무식할 수 있다. 모든 것을 알 수는 없다. 하지만 무지하지는 말아야 한다. 무식과 무지는 다르다. 무식은 알지 못하는 상태를 말하지만, 무지는 알지 못하면서도 그것을 깨닫지 못하는 상태다. 타인의 다름을 이해하지 못하고, 자신만이 옳다고 믿는 사람은 결국 무지에 빠져 자신의 세계에 갇히게 된다.

성숙한 사람은 타인의 차이 속에서 자신을 성찰하고, 그 다름을 통해 배워가며 정신적인 성장을 이룬다. 우리는 타인을 통해 배우고, 그들의 다른 시선을 통해 우리의 시야를 넓혀갈 수 있다. 내 경험과 지식이 전부가 아니며, 그 밖에도 수많은 진리와 시각이 존재함을 받아들이는 것이 성숙이다. 하지만 미숙한 사람은 자신의 시야를 넓히지 않고, 타인의 다름을 받아들이지 못한 채 그 속에서 불편함과 갈등만을 느낀다.

우리는 살아가면서 매일 조금씩 성장해 나간다. 그러나 그 성장이 진정한 성숙으로 이어지기 위해서는 내 안에 있는 확신과 고정된 틀을 조금씩 깨고, 새로운 시선으로 세상을 바라보는 연습을 해야 한다. 나 자신을 넘어선 시각으로 타인을 바라보고, 그 속에서 내 부족함을 인정하며 성장해 나가는 것이 성숙의 과정이다.

나와 타인의 차이를 이해하고 그 속에서 배워가는 것, 그것이야말로 우리가 더 넓고 깊은 사람이 될 수 있는 길이다. 사람은 모두 다르다. 결코 같을 수 없으며, 그 다름이 바로 우리를 더 풍요롭게 만드는 원동력이다. 성숙한 사람은 그 다름을 껴안고, 그 속에서 자신의 존재를 키워간다. 반면, 미숙한 사람은 그 다름을 거부하고, 자신의 고정된 틀 안에서 머물며 자기의 불만을 키워간다.

성숙은 의식적인 노력을 통해, 타인과의 차이를 받아들이고, 그 속에서 배움을 얻으며 나아가는 과정에서 이루어진다. 우리는 매일매일 더 나은 내가 될 수 있도록 노력해야 한다. 그 과정은 때로는 어렵고 힘들 수 있지만, 그 안에서 우리는 성장하고 성숙해진다.

성숙한 사람은 단순히 생존하기 위해 살아가는 것이 아니라, 자신의 삶을 더 깊이 이해하고, 그 속에서 진정한 의미를 찾으며 살아간다.

오늘도 우리는 하루씩 더 나아간다. 그 하루하루는 단순히 시간의 흐름이 아니다. 그것은 나 자신을 더 점검하고, 더 나은 내가 되기 위한 과정이다. 우리는 그 과정을 통해 성숙해지고, 더 깊고 넓은 사람이 되어간다.

성숙한 사람은 타인의 다름을 받아들이며, 그 다름 속에서 자신을 성찰하고 성장한다. 우리는 매일 조금씩 더 나은 사람이 될 수 있다. 그리고 그 과정에서 우리의 삶은 더 풍요로워지고, 더 의미 있는 것으로 변해간다.

무지에 머물지 말자. 나 자신을 넘어, 타인과의 차이 속에서 배움을 얻으며 성장해 나가자. 그 속에서 우리는 더 넓은 시야를 가지고, 더 깊은 사람으로 살아갈 수 있을 것이다.

마음 기지개

깊이가 없는 높음은
바람에 넘어집니다.
품격이 없는 권위는 오만이며
성숙이 없는 성장은 독이 됩니다.

🍃 모든 이해는 오해였다

　세상에는 수많은 오해가 있다. 우리는 살면서 크고 작은 오해를 겪고, 그로 인해 관계가 어긋나거나 단절되기도 한다. 오해란, 말 그대로 '잘못 이해한 것'이다. 하지만 우리가 진정으로 이해하는 순간, 그 오해는 자연스럽게 풀리고 사라지기 마련이다. 우리는 수없이 많은 오해를 겪으며 살아간다. 그 오해들이 우리의 삶에 어떤 영향을 미쳤는지, 그로 인해 상처받았거나 혹은 반대로 더 가까워졌던 순간들을 기억할 것이다.

　고등학교 시절의 한 에피소드가 떠오른다. 한 선생님이 수업 도중 갑자기 교실 문을 열고 들어오시더니 "다 엎드려뻗쳐!"라고 소리쳤다. 우리는 아무 생각 없이 바닥에 엎드렸다. 왜냐하면, 그 선생님은 평소에도 학생들을 엄하게 지도하시던 분이었고, 느닷없는 호통에 저항할 틈도 없이 행동으로 옮겼다. 그런데 잠시 후, 그 선생님은 갑자기 놀란 표정을 지으시더니 한 마디를 던졌다. "어? 이 반이 아니네!" 이 한마디에 우리는 모두 웃음을 터뜨렸다. 알고 보니, 선생님은 너무 흥분한 나머지 교실을 잘못 들어오신 것이었다.

이 작은 에피소드는 오해가 어떻게 생겨나는지를 잘 보여준다. 우리는 누군가의 말이나 행동을 오해하고, 그 오해를 바탕으로 행동한다. 하지만 진실이 밝혀지는 순간, 그 오해는 웃음으로, 혹은 깨달음으로 바뀐다. 선생님의 잘못된 판단 하나가 우리 모두를 순간적으로 긴장하게 했지만, 그것은 잠깐의 오해에 불과했다. 이처럼 오해는 이해의 첫 단계이다. 우리는 그 과정을 통해 상대방을 더 깊이 이해할 기회를 얻게 된다.

오해는 종종 뜻하지 않게 일어난다. 어떤 말이나 행동이 진심과 다르게 전달되거나, 상대방의 의도를 제대로 파악하지 못했을 때 발생한다. 그리고 그 오해가 쌓일수록, 우리는 점점 상대방과의 관계에서 벗어나게 된다. 하지만 우리는 모든 오해를 이해로 바꿀 수 있는 능력을 갖추고 있다. 약간의 배려와 유연한 생각만 있으면, 그 오해는 충분히 풀어질 수 있다.

살면서 겪는 많은 오해는 결국 대화를 통해 해결될 수 있다. 하지만 때로는 대화만으로는 부족한 경우도 있다. 아무리 노력해도 서로의 생각 차이가 좁혀지지 않고, 오해가 더욱 깊어질 때도 있다. 이런 상황에서 우리는 더 유연한 시선으로 상황을 바라볼 필요가 있다. 오해를 풀기 위한 노력은 중요하지만, 그 과정에서 나 자신을 소모하는 것은 바람직하지 않다. 오해를 풀기 위해 끝없이 애쓰는 것도 때로는 관계를 해치게 될 수 있기 때문이다.

모든 오해를 다 풀 수는 없다. 때로는 우리가 가진 노력과 배려에도 불구하고 풀리지 않는 오해도 존재한다. 그럴 때는 그 오해를 굳이 억지로 이해하려 하지 않는 것이 좋다. 관계를 유지하는 데 있어서 중요한 것은, 모든 오해를 풀어야 한다는 압박감이 아니라, 상대방과의 관계를 존중하며 이해하려는 태도다.

그 과정에서 더 이상 오해를 풀 수 없다는 결론에 이르렀다면, 그것을 받아들이는 용기도 필요하다. 모든 오해를 손절로까지 끌고 가지 않도록, 적당한 지점에서 멈출 수 있는 지혜가 중요한 것이다.

우리는 흔히 오해를 두려워한다. 왜냐하면 오해는 사람 사이의 관계를 어렵게 만들고, 그로 인해 서로를 멀어지게 할 수 있기 때문이다. 그러나 오해는 때로는 더 깊은 이해로 이어질 수 있는 첫 번째 계단이 될 수 있다. 내가 상대방을 완벽하게 이해하지 못한 것처럼, 상대방 역시 나를 완벽하게 이해하지 못할 수 있다는 사실을 받아들이면, 오해는 덜 두려운 존재가 된다.

그 오해를 이해로 바꾸기 위해서는 서로의 입장을 들어보고, 그 안에서 배려와 유연함을 발휘해야 한다. 그러나 우리가 여기서 잊지 말아야 할 중요한 사실은, 모든 오해를 풀 수 있는 건 아니란 점이다. 세상에는 내가 아무리 노력해도 이해되지 않는 사람과 사건들이 있다.

그럴 때는 그 상황을 억지로 바꾸려 하거나, 자신을 소모하면서까지 문제를 해결하려는 노력을 멈출 필요가 있다. 어떤 오해는 그냥 거기까지인 것이다. 물론 이 말이 모든 관계를 쉽게 포기하라는 뜻은 아니다. 오해를 풀기 위한 적절한 시도와 노력은 언제나 중요하다. 다만, 그 노력이 지나쳐 나를 소진하지 않도록 주의해야 한다는 것이다.

오해는 결국 관계 속에서 벌어진다. 그리고 그 관계가 깊어질수록, 오해가 생길 가능성도 더 커진다. 그렇기 때문에 우리는 오해를 미리 방지하기 위해, 혹은 발생한 오해를 풀기 위해 더 많은 대화를 나누고, 서로에 대한 배려를 잃지 않도록 해야 한다. 세상의 모든 관계는 결국 작은 이해와 오해들의 연속이다. 그 과정에서 우리는 더 성숙해지고, 더 넓은 시야를 가지게 된다.

우리는 모든 오해를 풀 수 있는 능력을 갖추고 있다. 그 오해를 이해로 바꾸기 위한 과정은 때로는 어렵고 복잡할 수 있다. 하지만 그 과정에서 우리는 더 많은 것을 배우고, 더 넓은 마음을 가지게 된다. 오해를 두려워하지 말고, 그것을 이해로 바꾸기 위해 노력해 보자. 그리고 그 과정에서 더 이상 해결되지 않는 오해는, 억지로 끌고 가기보다 적절한 선에서 멈출 수 있는 지혜를 발휘하자.

세상에는 나와 다른 사람들, 그리고 그들로 인해 발생하는 수많은 오해가 존재한다. 그 오해들 속에서 우리는 끊임없이 자신을 돌아보고, 상대방의 입장을 이해하려고 노력한다. 그러한 노력 속에서 관계는 더욱 깊어지고, 오해는 이해로 변해간다. 그러나 모든 오해가 풀리지는 않는다. 풀리지 않는 오해를 억지로 해결하려 하기보다는, 그 오해 속에서 배울 수 있는 점들을 받아들이고, 그 과정에서 자신을 지켜나가는 것이 중요하다.

오늘도 우리는 오해 속에서 살아간다. 그 오해들이 이해로 바뀌기를 바라며, 매일 조금씩 더 유연한 생각과 배려로 서로를 대할 수 있기를 바란다. 오해는 결국 이해의 첫 단계일 뿐이다.

마음 기지개

오해를 극복하면 이해가 되고
이해를 포기하면 오해가 됩니다.
흔들리지 않고 핀 꽃은 없습니다.

🍃 오리는 물로 꿩은 산으로

인간에게는 누구나 타고난 성향, 즉 천성이 있다. 이 천성은 우리가 태어나면서부터 가지고 있는 고유한 특성이다. 이는 부모의 교육이나 주변 환경, 후천적인 훈련으로도 쉽게 바꿀 수 없는, 우리 안에 깊이 자리한 본능이다. 그래서 우리는 때때로 자신과 전혀 다른 성향을 보인 사람을 만날 때 그를 바꾸고 싶어 한다.

하지만 그것은 마치 나무에 달린 열매가 억지로 꽃으로 돌아가려는 것처럼 불가능에 가깝다. 오리로 태어난 자는 물가에 있어야 하고, 꿩으로 태어난 자는 산으로 날아야만 한다. 각자의 자리가 있다는 뜻이다.

내 성향이 다르다는 것은 내가 틀린 것이 아니다. 그러나 그 사실을 받아들이는 일은 생각보다 어렵다. 우리는 자신과 다르다는 이유만으로 상대방을 비난하거나 불편해하는 경우가 많다. 하지만 그 순간, 우리가 놓치는 것이 있다. 나 역시 누군가에게는 이해하기 어려운 존재일 수 있다는 점이다. 우리는 자주 자신을 기준으로 세상을 바라본다. 그렇기에 내 기준에 맞지 않는 사람, 나와 정반대의 성향을 보인 사람을 보면 불편함을 느낀다. 그러나 중요한 것은, 이 차이를 인정하는 데서 성숙이 시작된다는 사실이다.

자신을 진정으로 바라볼 줄 아는 사람은 성숙한 사람이다. 세상을 이해하고 타인을 이해하기 전에, 우리는 먼저 자기 자신을 돌아볼 수 있어야 한다. 자신과의 싸움에서 이기는 자만이 남과의 다툼을 멈출 수 있다. 우리가 타인과의 마찰을 줄이고 더 평화로운 삶을 살기 위해서는 자신과 끊임없는 전쟁을 피해서는 안 된다.

그 전쟁의 이름이 바로 '성숙'이다.

자기 자신과 싸운다는 것은 무엇일까? 그것은 늘 자신을 점검하고, 자신의 마음 상태를 들여다보며 불필요한 것을 버리고 더 나은 방향으로 나아가는 과정이다. 세상에서 가장 어려운 청소는 다름 아닌 나 자신의 마음을 청소하는 일이다. 매 순간 쌓이는 마음의 먼지, 과거의 집착, 불필요한 감정의 쓰레기들을 비우고, 선한 마음을 유지하기 위한 청소가 필요하다. 그것을 미루는 순간, 우리의 마음은 금세 어지러워진다.

오리는 물가에 있어야 가장 아름답고, 꿩은 산을 날아다녀야 비로소 그 가치를 발휘한다. 그들은 각자 자신의 자리를 지킬 때 가장 빛난다. 자연의 이치와 섭리처럼, 우리 인간도 자신의 성향에 맞는 삶을 살아갈 때 가장 자연스럽고 아름답다. 중요한 것은 누가 더 옳고 그르냐의 문제가 아니다.

모든 삶은 그 자체로 존중받을 가치가 있다. 우리는 서로의 차이를 인정하고, 그 차이 속에서 조화로운 삶을 찾는 것이 진정한 성숙의 길이다. 타인의 성향이 나와 다르다고 해서 그들을 바꾸려 하거나, 그 다름에 불만을 품는 일은 우리 삶의 에너지를 소모하는 일이다. 다름을 마주할 때 우리는 한 걸음 뒤로 물러서야 한다. 멀리서 바라보면, 더 넓은 시야에서 문제를 볼 수 있다. 마치 바다를 보면 강물이 작아 보이듯이, 내가 집착하고 있던 문제나 마찰이 사실은 그리 큰 것이 아닐 수도 있다.

어릴 적 사탕 하나에 세상이 없어질 것처럼 울었다. 그때는 그것이 전부였기에 울었지만, 이제는 일부에 그치지 않는다. 그렇듯, 우리 앞에 놓인 불만과 갈등의 대상은 사실 우리의 집착이 만들어 낸 작은 사탕과도 같다. 그 집착에서 벗어나는 순간, 우리는 더 큰 세상을 볼 수 있다.

 삶이란 결국 자신에게 반발하는 것이다. 어제의 나는 오늘의 나를 방해하지 못한다. 우리는 매일 자신을 새롭게 갱신하며 살아가야 한다. 우리의 불만은 대개 자신을 과대평가하는 데서 온다. 내가 최고여야 한다는 욕망, 내가 옳다는 확신이 우리를 괴롭힌다. 하지만 최고가 되기보다는 최선을 다하는 것이 더 중요하다.
 바다는 언제나 강물보다 낮게 자리한다. 그래서 모든 강물이 바다로 흘러 들어가는 것이다. 자신을 낮추고, 겸손하게 살아가는 사람이 결국 더 많은 것을 품을 수 있는 법이다.

 우리가 타고난 천성은 쉽게 바뀌지 않는다. 그러나 그 천성을 인정하고, 그것을 바탕으로 삶을 살아가는 것은 우리 자신의 몫이다. 각자의 성향에 맞는 삶을 살아가되, 그 과정에서 나 자신을 더 깊이 이해하고, 자신을 점검하는 일을 멈추지 않는다면 우리는 더 성숙한 사람으로 나아갈 수 있을 것이다. 나와의 싸움에서 이기는 자만이, 세상과 조화로운 관계를 이룰 수 있다.

　세상의 기준에 맞춰 살려고 애쓰기보다는, 나만의 기준을 세우고 그 안에서 나 자신을 바라보자. 성숙은 외부의 평가가 아니라, 나 자신과 끊임없는 대화 속에서 이루어진다. 그리고 그 대화 속에서 우리는 더 나은 방향으로 조금씩 나아갈 것이다.

　성장은 시간의 흐름 속에서 저절로 이루어지지만, 성숙은 의식적인 선택과 노력이 필요하다. 그래서 우리는 매일 자신을 돌아보며 어제보다 더 나은 내가 되기 위해 노력해야 한다.

　나의 성향이 다른 사람에게 이해받지 못할지라도, 그것이 나의 본연의 모습이라면 그대로 존중받을 가치가 있다. 또한, 타인의 성향 역시 그들의 삶에서 존중받아야 한다.

　우리는 서로의 차이 속에서 더 넓은 세상을 배우고, 그 과정에서 진정한 성숙을 향해 나가는 삶을 발견할 수 있다. 지금 내 삶에 오리와 꿩을 만났는가?

　그렇다면 내가 어제보다 성숙해질 수 있는 좋은 기회이다!

마음 기지개

기대치를 올리면 만사가 부족하고
이해치를 올리면 만사가 만족합니다.
바다는 언제나 강물보다 낮게 삽니다.

Chapter 4

마음의 주름도 아름답다

🍃 구겨진 마음, 그 속의 온기

 아프리카 말리 출신의 작가 아마두 함파테 바는 이렇게 말했다. "한마을에서 노인이 죽으면, 도서관 하나가 불타 사라진 것과 같다." 그의 말은 노인이 평생 살아오며 축적한 경험과 지혜가 얼마나 소중한지, 그리고 그 가치가 얼마나 크고 깊은지를 함축하고 있다. 그가 말한 '도서관'이란 단순한 지식의 집합체가 아니다.

 그것은 시간과 세월 속에서 직접 부딪치며 얻어낸 삶의 본질이자 성숙함의 결정체다. 노인이 겪어온 시간은 단순한 시간이 아니라, 기쁨과 슬픔, 분노와 고통으로 점철된 한 사람의 내면을 담고 있다. 그 오랜 세월을 살면서 수많은 상처와 번민 속에서 구겨진 마음속에는 우리가 미처 알지 못한 깊은 온기가 깃들어 있다.
 노인의 주름진 얼굴이나 구겨진 마음에는 단순한 주름 이상의 의미가 담겨 있다. 그것은 단순히 시간을 보낸 흔적이 아니라, 삶과 맞서 싸우고 견뎌온 흔적이다. 그리고 그 주름 속에는 고요하지만 따뜻한, 삶의 진리가 담겨 있다. 그들의 구겨진 마음은 그 자체로 우리에게 삶의 등불이 되어준다.

오늘 내가 느끼는 이 구겨진 마음도 결국 누군가의 나침반이 될 수 있다. 나의 고통과 좌절, 나의 슬픔과 아픔은 단순히 나만의 것이 아니다. 우리는 모두 각자의 인생에서 비슷한 감정을 겪으며 살아가고 있다. 그렇기에 나의 이야기는 결국 누군가의 위로가 될 수 있고, 그들의 길을 비추는 등불이 될 수 있다.

삶은 결국 한 권의 책이다. 우리는 매일매일 그 책의 페이지를 채워가고 있다. 그러나 중요한 것은, 그 책이 어떤 이야기를 담고 있느냐이다. 우리의 마음이 구겨질 때마다, 우리는 그 페이지에 무언가를 더 적어 나간다.

내가 오늘 느낀 아픔이 결국은 다른 누군가에게 도움이 될 수 있다는 생각을 떠올리며, 나는 나의 인생을 조금 더 긍정적인 방향으로 써 나갈 수 있을 것이다. 우리는 지금, 이 순간 어떤 역사를 쓰고 있는가? 그리고 우리의 이야기를 읽게 될 사람들은 무엇을 배울 것인가?

마음이 구겨졌는가? 삶의 열정이 다 식어버렸는가? 이런 질문은 누구나 자신에게 던져본 적 있을 것이다. 하지만 우리는 그 질문에 대한 답을 통해 성장할 수 있다. 구겨진 마음은 결코 끝이 아니다. 오히려 그것은 새로운 시작을 의미한다. 구겨진 종이가 더 멀리 던져질 수 있듯이, 우리는 구겨진 마음을 통해 더 멀리, 더 높이 나아갈 수 있다. 그 구겨짐 속에는 우리가 미처 알지 못한 깊은 온기가 깃들어 있기 때문이다.

우리는 종종 자신의 고통을 남들과 비교하며 더 큰 슬픔에 빠지기도 한다. 하지만 중요한 것은 우리의 감정이 아니라 그 감정을 어떻게 다루느냐이다. 나의 인생을 비극으로 몰아가고 싶은가, 아니면 희극으로 만들고 싶은가? 나의 감정에 휘둘리지 말고, 그 감정을 객관적으로 바라볼 힘을 기르는 것이 중요하다.

슬픔에 잠식되지 말고, 그 슬픔을 통해 무엇을 배울 수 있는지 생각해 보자. 인생은 느끼는 자에게는 비극이요, 생각하는 자에게는 희극이라는 말이 있다. 우리는 우리 인생의 작가다. 그리고 그 작가로서 우리는 우리의 이야기를 어떻게 써 내려갈지 선택할 수 있다.

삶에서 마주하는 고통은 피할 수 없다. 그러나 그 고통 앞에서 감정이 이성을 압도하지 않도록 해야 한다. 우리의 마음이 구겨졌을 때, 우리는 그 구김을 펴가는 방법을 찾아야 한다. 구겨진 마음을 통해 우리는 더 단단해질 수 있고, 더 넓은 시야를 가질 수 있다. 고통은 그것을 겪는 순간에는 견디기 힘들지만, 지나고 나면 우리는 그 고통을 통해 더 성숙해진 자신을 발견하게 된다.

일본의 유명한 도자기 수리법인 '킨츠기(Kintsugi)'를 아는가?

킨츠기는 깨진 도자기를 금으로 이어 붙이는 일본의 전통 기술로, 금으로 깨진 부분을 감추기보다는 오히려 그 상처를 더욱 돋보이게 만든다. 우리는 흔히 무언가가 깨지면 쓸모없다고 여기고 버리지만, 킨츠기는 그 상처를 수리함으로써 새로운 가치를 부여한다. 흠집과 상처가 결점이 아니라, 그 물건을 더 특별하고 소중하게 만드는 요소로 변하는 것이다.

우리의 마음이 상처받고 구겨질 때, 그것을 감추려 하기보다는 그 상처 속에서 새로운 의미를 발견하고, 오히려 더 깊은 온기와 성숙함을 얻을 수 있다. 깨진 도자기가 금을 덧붙여 더욱 아름다워지듯이, 우리의 상처와 구겨진 마음도 잘 다듬고 보듬으면 더 강하고 의미 있는 존재로 재탄생할 수 있음을 기억하자.

우리 인생의 책에는 슬픈 이야기가 있을지언정, 비극적인 결말로 끝나지 않도록 매일 새로운 페이지를 써 내려가야 한다. 우리의 감정이 행동을 지배하지 않도록, 우리의 기분이 태도를 바꾸지 않도록 하자. 우리가 쓰는 삶의 책은 단지 우리의 이야기가 아니다. 우리의 가족, 친구, 사랑하는 사람들 모두가 그 책의 독자가 될 것이다. 그러니 그들에게 어떤 책을 남길 것인지 생각해 보자.

특별한 사람은 특별해서 특별한 것이 아니다. 특별하게 살아서 특별해지는 것이다. 구겨진 마음은 그것을 펴나가는 과정에서 더 큰 의미를 얻게 된다. 마음이 구겨졌는가? 그렇다면 그것은 끝이 아니라 새로운 시작이다. 우리는 그 구김을 통해 더 많은 것을 배울 수 있다.

당신의 마음이 구겨졌다면, 그것을 어떻게 다룰지 생각해 보자. 구겨진 마음을 펴기 위해 우리는 자신을 다시 한번 돌아보아야 한다. 그 과정에서 우리는 우리 안에 숨겨진 온기를 발견하게 될 것이다. 우리의 마음이 구겨졌다고 해서 그것이 젖은 종이처럼 무용지물이 되는 것은 아니다. 우리는 언제든지 그 마음을 펴고, 더 나은 방향으로 나아갈 수 있다.

 당신은 구겨진 마음속에서 새로운 온기를 발견할 수 있는 멋진 작가다. 당신의 인생은 아직 끝나지 않았고, 그 속에 담긴 이야기는 앞으로도 계속 써 내려갈 수 있다. 구겨진 마음이 오히려 더 멀리 나아가게 해줄 수 있다. 마음이 구겨졌을 때, 그것을 펴나가는 과정에서 우리는 더 깊고 따뜻한 인생의 의미를 찾아낼 것이다.

마음 기지개

더 나은 마음으로, 더 나은 인품으로
내가 더 나아져야 더 나은 세상을 만듭니다.
어제보다 내가 한 톨만큼이라도 나아졌다면
세상은 나아진 겁니다.

🍃 마음의 굴곡이 빚어낸 고운 나

 삶은 때때로 우리에게 너무 많은 것들을 요구하는 것처럼 느껴진다. 너무 많이 믿으면 배신을 당하고, 너무 많이 사랑하면 상처를 받는다. 너무 깊이 생각하면 우울해지고, 너무 많이 말하면 거짓말을 하게 된다. 너무 많이 아껴주면 그 마음이 당연해져 버리고, 너무 많이 기대하면 실망이 따른다. 그리고 너무 많이 소비하면 미래가 없고, 너무 많이 먹으면 결국 몸이 무너진다. 이 모든 것은 우리가 너무 많은 것을 요구할 때, 균형을 잃어버린다는 사실을 일깨워 준다.

 삶의 본질은 '적당함'에 있다. 적당한 사랑, 적당한 기대, 적당한 신뢰. 그것이야말로 삶을 지탱하는 균형의 축이다. 마음의 굴곡은 이 균형을 찾아가는 과정에서 생겨난다. 햇빛만 비추는 날씨라면 대지가 메마르듯, 우리의 마음에도 비바람이 필요하다. 가끔은 구름이 드리우고 바람이 몰아쳐야만 우리의 마음이 사막화되지 않고, 더 풍부

한 감정과 경험으로 채워질 수 있다. 삶의 굴곡은 그저 고난이 아닌, 우리가 더 단단해지고 더 아름답게 빚어지는 과정이다.

때론 아픔과 상처가 나를 더 견고하게 만들기도 한다. 삶에서 만나는 바람과 비, 그것은 내 영혼을 가지치기해 주는 자연의 힘과도 같다. 그 바람이 나를 흔들고 상처를 남기지만, 결국 그 상처로 인해 나는 더 깊은 성숙과 이해를 얻는다. 마음의 굴곡이 빚어낸 내가, 바로 진정한 나다. 그 굴곡들이 없다면 지금의 나는 존재하지 않았을 것이다.

삶에서 만나는 사람들, 그들 역시 내 마음에 굴곡을 남긴다. 좋은 사람들은 나에게 행복을 주고, 나쁜 사람들은 경험을 준다. 최악의 인간은 나에게 잊을 수 없는 교훈을 남기고, 최고의 사람들은 내게 소중한 기억을 선사한다. 우리는 그렇게 누군가로 인해 배우고, 성장하며, 다시 일어선다. 세상은 이렇게나 다양한 사람들로 가득하고, 그들은 저마다의 역할을 하며 우리의 삶에 흔적을 남긴다.

누군가는 나를 실망하게 하고, 누군가는 예상치 못한 사랑을 주기도 한다. 어떤 사람은 나를 울리지만, 다른 누군가는 그 눈물을 닦아

주며 다시 웃게 만든다. 세상엔 정말 많은 사람이 존재하고, 우리는 그들 모두와 관계를 맺으며 살아간다. 때로는 그 관계가 기쁨을 주고, 때로는 상처를 주기도 하지만, 결국 그 모든 경험은 나의 마음에 깊은 자국을 남기며 나를 더 고운 사람으로 빚어간다.

삶을 살면서 우리는 어느 순간, '누구와 손을 잡을지' 그리고 '누구의 손을 놓아야 할지' 결정해야 한다. 그 결정을 내리는 과정이 바로 성숙해지는 과정이다. 우리는 모든 사람을 붙잡고 있을 수 없다. 때로는 놓아주어야 하고, 때로는 내가 먼저 손을 내밀어야 한다. 잡는 법도 배우고, 보내주는 법도 배워야 한다. 그것이 삶의 균형을 맞추는 방법이며, 우리는 그 속에서 더 강하고 아름다운 사람으로 성장해 나간다.

마음의 굴곡은 그저 아픔만을 의미하지 않는다. 그것은 성장의 기회이며, 나를 더 깊은 사람으로 만들어 주는 원동력이다. 우리는 그 굴곡 속에서 비로소 진정한 나를 발견하고, 나만의 길을 걸어 나간다. 세상이 나에게 던지는 수많은 시련과 도전은 나를 더 아름답고 견고하게 빚어내는 과정의 일부다. 그리고 그 과정에서 우리는 삶의 참된 의미를 깨닫는다.

삶의 굴곡은 때때로 우리를 힘들게 하고, 좌절하게 만든다. 하지만 그 굴곡을 통해 우리는 더 단단해지고, 더 성숙해진다. 마음에 남는 상처가 나를 더 단단하게 만들어 주듯, 우리는 그 상처 속에서 새로운 힘을 발견할 수 있다. 우리의 마음이 구겨지고 굴곡진 순간들조차 결국은 우리의 일부분이 된다. 그 굴곡들이 없다면 우리는 그저 평범한, 바람 한 점 없는 바다처럼 고요한 삶을 살게 될지도 모른다. 하지만 그 고요 속에서는 아무런 성장이 일어나지 않는다.

우리는 인생의 여정에서 수많은 사람들을 만나고, 그들과의 관계 속에서 배우며 성장한다. 우리는 사람들에게 배신당하고, 실망하기도 하지만, 동시에 사랑과 위로를 받으며 다시 일어선다. 마음의 굴곡은 그 모든 과정에서 생겨난다. 그리고 그 굴곡은 나를 더 특별하게 만든다. 나는 그 굴곡 속에서 더 깊은 사랑과 이해하는 법을 배운다. 그리고 그것이 나를 더 고운 사람으로 빚어낸다.

우리의 마음은 시간이 지나면서 굴곡지고 주름진다. 하지만 그 주름 속에는 무수한 경험들이 담겨 있다. 그 경험들이 바로 나를 지금의 나로 만들어 주었다. 우리는 그 굴곡 속에서 더 많은 것을 배우고, 더 단단해지며, 더 아름다워진다. 그것이 바로 마음의 굴곡이 빚어낸 '고운 나'다.

삶은 완벽할 수 없다. 우리는 너무 많이 기대하고, 너무 많이 사랑하며, 때로는 너무 많이 상처받기도 한다. 하지만 그 모든 것이 바로 삶이다. 우리가 너무 완벽해지려고 할 때, 그 균형이 무너질 수 있다. 중요한 것은 적당함이다. 너무 많이 사랑하지 말라는 것이 아니라, 그 사랑 속에서도 자신을 잃지 말라는 것이다. 너무 많이 기대하지 말라는 것이 아니라, 기대 속에서도 실망을 견딜 힘을 기르라는 것이다. 마음의 굴곡은 그 힘을 길러주는 과정이다.

우리는 이 굴곡 속에서 더욱 아름다워진다. 우리를 스쳐 간 사람들, 우리를 울리고 웃게 했던 그 모든 순간은 결국 우리를 더 특별한 사람으로 만들어 주었다. 마음의 굴곡은 아픔의 흔적이기도 하지만, 동시에 사랑과 이해의 깊이를 더해주는 흔적이다. 그 굴곡 속에서 우리는 자신을 더 잘 알게 되고, 더 깊은 사람으로 성장하게 된다.

세상은 절대 단순하지 않다. 우리는 매 순간을 선택해야 하고, 그 결정 속에서 나 자신은 반드시 성장해 나간다. 마음이 구겨지고 굴곡지더라도, 그것은 결국 나의 마음 근육을 더 단단하게 만들어 줄 것이다. 그리고 그 강인함 속에는 따뜻한 온기가 스며있다. 내 삶 속 마음의 굴곡이 빚어낸 나, 그것이야말로 진정한 나의 모습이다.

마음 기지개

나의 어리석음을 아는 것이 지혜이고
나의 어두움을 아는 것이 명철입니다.
거울도 닦아야 남을 비춥니다.

🌿 상처, 그 시간의 향기

한 숲속에 한 그루의 나무가 있었다. 이 나무는 자신이 자라는 땅과 하늘을 사랑했다. 그러나 어느 날, 거센 바람이 불어와 나무의 잎과 가지를 마구 흔들어 놓았고, 나무는 그 강한 바람에 저항하려고 애썼지만, 점점 힘이 빠지며 고통만 더 커졌다.

나무는 고민에 빠졌다. "왜 나에게 이렇게 강한 바람이 불어오는 걸까? 내가 왜 이렇게 힘들어해야 하는 걸까?" 그러던 중, 한 지혜로운 올빼미가 나무에 다가왔다. "나무야, 바람이 너를 흔들어야 하는 이유를 아느냐?" 나무는 대답했다. "아니요, 저는 그저 평화롭게 자라고 싶을 뿐인데요."

올빼미는 미소를 지으며 말했습니다. "바람은 너를 강하게 만들기 위한 선물이다. 바람이 없다면, 너는 뿌리를 깊이 내리지 않았을 것이고, 더 큰 나무로 자라지 못할 것이야. 고통과 어려움은 너를 성장시키기 위한 과정이란다."

그 말을 들은 나무는 바람을 받아들이기로 결심했다. 이제 나무는 바람에 몸을 맡기고, 흔들리며 자신을 더 깊이 뿌리내리도록 노력했다. 시간이 지나면서, 나무는 더 강하고 아름다운 존재로 성장하게 되었다. 나무는 이제 바람이 불어올 때마다 두려움 대신 감사함을 느꼈다. 바람 덕분에 자신이 더욱 단단해졌다는 것을 깨달았기 때문이다.

이 이야기는 우리가 인생에서 겪는 어려움과 고통이 결국 우리를 더 강하게 만들어 준다는 점을 보여준다. 바람은 고통의 상징이지만, 그것을 통해 우리는 성장하고, 더 깊은 이해를 얻게 된다. 나무가 바람을 받아들이며 성장한 것처럼, 우리도 삶의 도전과 시련을 통해 더 나은 자신으로 나아갈 수 있음을 일깨워 준다.

오늘날 내 삶의 고통은 더 이상 날 파괴하지 않는다. 오히려 그 어려움은 내 인생의 무용담이 되고, 누군가 나와 같은 상처를 입고 있는 사람에게 좋은 처방전이 될 수 있는 소중한 경험이 될 것이다.

삶의 어려움으로 우리는 많은 것을 배운다. 단순히 고통의 순간으로 끝나는 것이 아니라, 그 고통 속에 숨어 있던 무언가를 발견할 수 있게 한다. 앞서 본 나무의 이야기처럼 그것은 나를 키우는 성장의 씨앗이다. 우리는 상처를 통해 더 단단해지고, 삶을 더 깊이 이해하게 된다. 시간이 지나면, 그 상처는 더 이상 내게 상처 그 자체로 다가오지 않는다. 대신, 나는 그 속에서 나만의 향기를 발견하고, 그 향기는 내 삶에 새로운 의미를 부여한다.

어떤 상처는 나를 무너뜨릴 수 있을 만큼 깊다. 처음에는 그 상처가 나를 약하게 만들고, 앞으로 나아가는 길을 막는 것처럼 느껴진다. 하지만 시간이 지나면서 그 상처는 나를 더 단단하게 만들고, 더 깊은 사람으로 변화시킨다.

상처는 단지 아픈 기억이 아니라, 그 아픔 속에서 얻은 지혜와 깨달음의 결정체다. 시간이 지남에 따라 우리는 그 상처 속에 숨겨진 의미를 이해하게 된다. 그것은 나의 삶이 지나온 길을 담고 있는 시간의 선물이다. 오늘의 나는 살아온 삶의 상처가 만든 아름다운 결정체이다.

그러니 우리는 상처를 두려워할 필요가 없다. 그 안에는 고통스러운 순간을 지나야만 얻을 수 있는 향기를 품고 있다. 그 향기는 시간이 지남에 따라 점점 더 짙어지고, 나는 그 향기를 통해 나만의 고유한 이야기를 완성하게 된다. 상처는 고통의 흔적이지만, 그 속에서 피어나는 향기는 나를 더 아름답고 특별하게 만든다.

마음 기지개

신중한 말은 상처를 주지 않고

자중의 말은 대립을 막아 주며

존중의 말은 성장을 불러옵니다.

말에도 향기가 있습니다.

굳어진 마음 근육 풀기

삶은 끊임없이 우리를 단련시키는 과정이다. 우리는 수많은 사람과 사건을 겪으며 성장하고, 그 과정에서 우리의 마음도 여러 차례 부서지고, 다시 일어나기를 반복한다.

거짓된 사람을 만나 정직의 가치를 배웠고, 교만한 사람을 통해 겸손의 미덕을 깨달았다. 분노의 사람에게서 포용의 중요성을 배웠고, 비겁한 사람을 만나면서 순수함이 얼마나 큰 책임을 수반하는지 알게 되었다. 이처럼 삶은 우리를 끊임없이 갈고 다듬으며, 때로는 가장 부정적인 경험을 통해서조차 우리를 더 단단하게 만든다.

하지만 그 과정에서 우리는 마음의 근육이 굳어지는 순간을 경험하게 된다. 고통과 상처가 연속되면, 어느 순간 마음이 딱딱하게 굳어버리고, 감정은 더 이상 흘러가지 않게 된다. 그리하여 마음은 닫히고, 그 안에 쌓인 응어리는 점점 더 깊어져만 간다. 마치 몸의 근육이 반복되는 스트레스로 굳어버리는 것처럼, 마음도 그와 다르지 않다. 마음의 근육은 단련하지 않으면 금방 굳어지고, 결국에는 풀기 어려운 상태로 굳어버린다. 그 상태가 오래 지속되면, 우울증과 같은 심리적 고질병으로 이어지기 쉽다.

앞서 우울증이란 "내 마음이 나에게서 멀리 떠나버린 것"이라고 말했다. 자신도 나의 마음을 붙잡지 못한 상황에서, 타인이 나의 마음을 돌봐줄 수 있을까? 사실 누구도 우리의 마음을 대신 찾아줄 수는 없다. 떠나기 전에, 굳어버리기 전에, 우리는 스스로 우리의 마음을 이완시켜야 한다. 그것이 바로 마음의 근육을 푸는 일이다.

그렇다면, 굳어진 마음의 근육을 풀기 위해 우리는 무엇을 해야 할까? 마음을 풀어내는 과정은 단순한 해결책이 아니라, 일종의 삶의 방식에 가깝다. 마음이 유연하게 다시 돌아오려면 일상 속에서 의미를 찾아야 한다. 여기서 중요한 것은 재미나 자극을 찾는 것이 아니라, 내 삶의 깊이와 의미를 탐구하는 과정이다.

많은 사람들은 스트레스를 해소하기 위해 재미있는 활동을 찾는다. 잠깐의 오락과 자극은 분명 우리에게 즐거움을 주고, 순간적으로 긴장을 풀어줄 수 있다. 그러나 이것은 근본적인 해결책이 되지 않는다. 재미는 마치 순간적인 마취제처럼 우리의 긴장을 잠시 잊게 할 뿐, 마음을 근본적으로 이완시키지는 않는다. 우리가 추구해야 할 것은 진정한 의미다. 의미 있는 경험과 시간 속에서 우리는 마음을 열고, 굳어진 마음의 근육을 부드럽게 풀 수 있다.

의미를 찾기 위해서는 내가 어떤 환경에 노출되는가가 중요하다. 우리는 보는 것, 듣는 것, 느끼는 것에 따라 우리의 마음이 형성되고 변화한다. 어니스트의 이야기에 나오는 '큰 바위 얼굴'처럼, 우리는 우리 자신이 살아가는 환경과 경험의 산물이다. 아름다운 경치를 보다 보면 그 경치 속에서 내가 스스로 아름다워지고, 사랑을 하다 보면 스스로 사랑이 된다. 결국, 내가 어떤 삶의 순간과 맞닿아 있는가가 내 마음을 형성한다.

마음의 근육을 풀기 위해서는 의식적으로 '의미'를 찾아야 한다. 이는 단순한 재미나 즐거움 이상의 경험이다. 순간의 즐거움은 우리의 감정을 잠시 일시적으로 자극할 수는 있지만, 그 뒤에는 공허함이 남기 마련이다. 반면, 의미 있는 경험은 마음을 더 풍요롭게 하고, 삶을 깊이 있게 만드는 힘이 있다. 재미를 좇는 사람은 그 재미에 끌려가지만, 의미를 찾아가는 사람은 그 의미가 나를 이끌어 준다.

나만의 의미를 찾아내자. 나를 쏟아 놓을 수 있는 의미의 장소도 좋다. 산과 바다. 조용한 산책, 신앙의 공간, 독서의 장소 등 나의 마음을 풀 수 있는 의미적 공간에 나를 데려가야 한다.

의미 있는 경험은 마음의 깊이를 더해 준다. 우리의 생각과 감정은 시간이 지나면서 점차 얕아지기 쉽다. 일상의 반복 속에서 우리는 의미를 잃고, 그저 재미와 자극을 찾는 데 급급해진다. 그러나 생각의 깊이는 의미 속에서 다시 채워진다. 의미 있는 만남, 깊은 대화, 책을 읽는 시간 등은 우리의 마음 근육을 부드럽게 이완시키는 데 큰 역할을 한다. 그래서 이런 순간들이야말로 마음의 긴장을 풀어주고, 다시금 활력을 찾게 해주는 진정한 치유제가 된다.

이 책을 읽고 있는 지금, 이 순간 당신의 마음 근육은 조금씩 풀리고 있을지도 모른다. 당신은 이미 마음을 더 유연하게 만드는 과정을 시작한 셈이다. 삶은 그저 살아가는 것이 아니라, 어떻게 살아가는가가 중요하다. 의미를 찾고, 그 의미 속에서 자신을 찾아가는 것이야말로 진정한 삶의 여정이다.

때때로 마음이 굳어질 만큼의 상처와 고통이 찾아오기도 한다. 그러나 그 안에서도 우리는 의미를 찾을 수 있다. 고통은 우리의 마음을 단단하게 만들고 더 큰 가르침을 준다. 삶의 어려움 속에서 우리는 작은 기쁨의 의미를 더 크게 느낀다. 고통은 우리를 성장시키고, 그 안에서 더욱 단단한 마음의 근육을 얻게 된다.

물론, 고통이 계속된다면 마음은 굳어버릴 수 있다. 하지만 그때마다 우리는 잠시 멈춰서, 우리 자신을 돌아보고 마음의 근육을 풀어내는 시간을 가져야 한다. 지나친 고통이나 반복되는 스트레스는 마음을 닫게 만들지만, 그 속에서도 우리는 다시 마음을 열고 유연함을 되찾는 법을 배워야 한다.

결국, 굳어진 마음의 근육을 푸는 것은 우리가 자신에게 줄 수 있는 가장 큰 선물이다. 우리는 우리 자신을 치유하고, 마음을 다시 유연하게 만드는 힘을 가지고 있다. 이 과정은 혼자서도 할 수 있지만, 때로는 주변의 도움을 받아야 할 때도 있다. 진심으로 나를 이해하고 도와줄 수 있는 사람들과의 만남은 마음을 풀어가는 중요한 요소가 된다. 이때 의미 있는 관계와 깊이 있는 소통이 마음을 이완시키고, 다시 세상과 연결될 수 있게 만든다.

삶은 때때로 우리를 굳어지게 만들지만, 그 안에서 우리는 자신을 이완시키고 다시 유연하게 만들어 가는 방법을 찾아야 한다. 의미 있는 경험과 만남, 나 자신과 깊은 대화는 마음의 근육을 부드럽게 하고, 다시 세상과 소통할 수 있게 한다. 그러니 우리는 오늘도 마음의 기지개를 켜고, 다시금 유연한 마음으로 세상을 바라볼 준비를 하자!

마음 기지개

살아온 아픔은 깊은 성품이 되고
흘려온 눈물은 넓은 내면이 되고
겪어온 시련은 높은 통찰이 됩니다.

🍃 상처라는 자양분

 살다 보면 우리는 크고 작은 사건들을 만나게 된다. 어떤 사건들은 우리의 마음에 따뜻한 기억으로 남고, 또 어떤 사건들은 깊은 상처로 새겨지기도 한다. 상처는 피할 수 없는 삶의 일부이며, 때로는 그 고통이 오랜 시간 동안 우리를 따라다닌다. 하지만 그 상처조차도 우리가 성장하는 데 자양분이 될 수 있다. 상처가 단순한 고통으로 끝나지 않고, 우리를 더 깊은 존재로 만드는 경험이 된다면 그것은 더 이상 아픔으로만 남지 않는다.

 나는 아주 오래된 마음 흔적 하나를 기억한다. 중학생 시절 어느 날 아버지께서 취미로 배워 보라고 통기타를 한 대 사주셨다. 처음에는 달갑지 않았으나 음악학원에 다니면서 배운 기타는 나에게 단순한 악기가 아니게 되었다. 나는 점점 기타 선율에 빠져들었고, 그것은 내게 새로운 세계를 열어주는 문과도 같았다. 기타를 연주하는 시간은 내 일상의 즐거움이자 위안이었고, 연주를 통해 작은 힐링과 내성적 성격에 자신감을 넣을 수 있었다.

그러나 고등학교 3학년 때였다. 학기 초 담임선생님과의 첫 면담을 하는 날이었다. 나의 학생기록부 취미란에 적힌 '기타 연주'라는 단어를 보고, 선생님은 냉소적인 표정으로 이렇게 말했다. "기타 치네? 너 딴따라냐?" 그 말은 날카로운 화살처럼 나를 찔렀다. 어린 나이에 '딴따라'라는 단어의 의미를 제대로 알지 못했지만, 그 순간 느꼈던 모멸감과 수치심은 쉽게 잊혀지지 않았다.

나중에 그 단어가 술집에서 연주하는 음악 밴드를 비하하는 표현이라는 것을 알게 되었을 때, 그 상처는 더욱 깊어졌다. 나의 소중한 취미와 열정을 한순간에 경멸하는 눈빛과 말, 그것은 수십 년이 지난 지금까지도 내 기억 속에 남아 있다.

세월이 흘러, 우연히 한 TV 프로그램에서 그 담임선생님을 다시 보게 되었다. 방송에서는 그를 전설적인 교사로 칭송하고 있었다. 나는 그가 나에게 남긴 상처가 그 프로그램 속의 미화된 이미지와 너무나도 상반되어 결국 화면을 끝까지 볼 수 없었다.

나는 기타를 볼 때마다 두 사람이 떠오른다.

아버지. 그리고 선생님.

나에게 기타는 돌아가신 아버지를 생각하게 하는 아련한 추억이자 잊혀지지 않는 깊은 상처의 말을 떠오르게 하는 아픔이기도 하다. 그 당시의 상처가 다시금 생생하게 되살아났지만, 나는 그 기억을 통해 성장해 왔다. 아픔은 때로 우리를 더 단단하게 만들고, 나아가 우리가 타인을 대하는 방식에도 큰 영향을 미친다.

그 상처는 나의 일부였지만, 전부가 되지는 않았다. 나는 그 사건으로 내 삶에 좀 더 깊고, 더 넓은 가치관의 시각을 갖게 되었고 반면 교사에 더 많은 것을 배우고 깨닫게 되었다.

가출 청소년 보호단체 기관에서 청소년들을 돌보는 일을 할 때였다, 그곳에서 한 학생을 만났고 그의 취미가 '기타 연주'라는 말을 들었을 때, 순간 나는 과거의 추억과 아픔이 순식간에 몰아쳤다. 그리고 그 학생에게 말했다.

"우와! 너 기타 치는구나! 정말 대단해! 나도 기타 칠 줄 알아. 우리 나중에 같이 합주해 볼까?" 그 순간, 나는 내게 남은 상처가 어떻게 새로운 의미를 얻고, 다른 이에게 위로가 될 수 있는지를 깨달았다. 상처는 우리를 자라게 한다. 그리고 나의 좋은 스승이 된다.

인생에서 우리가 겪는 상처는 단순히 고통으로만 끝나는 것이 아니다. 그 상처는 우리를 성장시키고, 더 깊은 성찰로 이끌고 우리가 어떤 선택을 하고, 어떤 길을 걸어가야 하는지를 알려주는 나침반이 되기도 한다. 아픔을 겪으며 우리는 배우고, 그 배움은 우리가 더 나은 사람이 되는 데 밑거름이 된다.

그래서 내가 만난 기쁨의 사람은 추억이 되고 내가 만난 상처의 사람은 경험이 된다. 오늘 만난 아픔은 내일의 나를 성장시키는 반면교사라는 것을 잊지 말자. 그러니 아픔은 물에 새기고 사랑은 마음에 새기자.

내가 가야 할 길을 안다는 것은 가지 말아야 할 길도 아는 것이다. 오늘 내 삶의 지향성은 어제까지 지양한 나 자신이고 나의 크기는 내 생각의 크기만큼이다. 지금의 나는 지금까지의 내 생각이라는 것을 명심하자.

살아있는 내 생각이 살아있는 나를 주는 법이다. 그러니 상처에 함몰되지 말고 사랑에 함몰되자. 자신이 향하는 마음의 크기만큼 사람은 변하고 삶은 물드는 법이다. 어떤 사람이 되고 싶은가? 나란 존재는 내 마음 기대의 방향성이다. 내 생각이 곧 내가 되고 나는 그런 사람이 된다.

그러니 다시 한번 기억하자. 내가 만난 기쁨의 순간들은 추억으로 남고, 내가 만난 아픔은 경험으로 남는다는 것을.

기쁨은 나를 미소 짓게 하지만, 아픔은 나를 성숙하게 만든다. 우리는 상처 속에서 내가 갈 길과 가지 말아야 할 길을 배우게 된다. 어제의 상처는 오늘의 나를 만들었고, 그 상처는 나를 더 나은 길로 이끌어 주었다.

때로 상처는 우리의 마음을 갉아먹기도 한다. 하지만 그 상처를 어떻게 바라보고 받아들이는가에 따라, 우리는 그 상처에서 성장할 수 있다. 상처를 물에 새기고, 사랑을 마음에 새기는 것은 상처 속에서도 긍정적인 변화를 만들어 내는 힘이다. 상처를 자양분으로 삼아 나를 더 나은 존재로 만들어 가는 것이야말로 삶의 진정한 의미이다.

상처는 우리를 잠시 흔들어 놓을 수 있지만, 그 상처에 휘둘리지 않는 것이 중요하다. 상처가 내 삶을 지배하게 두지 말고, 그 상처를 통해 더 깊은 사랑을 배우고, 나 자신을 더 풍요롭게 만들어야 한다. 우리는 상처를 피할 수 없지만, 그 상처를 어떻게 받아들이고 다루느냐에 따라 우리의 인생은 달라질 수 있다.

우리의 인생을 작은 에피소드(Episode)로 단정할 수 없다.
나의 인생은 큰 에픽(Epic), 대서사시이다. 작은 상처의 에피소드가 나의 전체 인생을 좌우할 수 없고, 나는 나의 인생을 그런 사소한 상처들로 인해 물들게 할 수 없다. 우리는 상처 속에서도 더 큰 그림을 보아야 한다. 상처는 순간일 뿐이며, 그것이 나의 인생 전체를 정의할 수는 없다.

우리의 마지막 막은 반드시 아름다울 것이다. 인생이라는 대서사시는 기쁨과 상처, 사랑과 아픔이 함께 얽혀서 만들어지는 것이다. 그리고 그 모든 경험들은 우리를 더 단단하고, 더 성숙한 존재로 이끈다. 상처가 나를 물들이게 하지 말자. 그 상처를 통해 배우고, 더 나은 내가 되어가는 것이야말로 우리가 해야 할 일이다.

상처는 우리를 넘어뜨리기도 하지만, 그 속에서 우리는 더 강하게 일어선다. 상처는 나의 인생의 끝이 아니라, 또 다른 시작을 의미한다. 상처를 통해 우리는 더 깊이 사랑하고, 더 넓게 세상을 바라보며,

더 많은 것을 품을 수 있는 사람이 된다.

지금 나의 삶은 어제의 상처로 이루어져 있지만, 그 상처들이 나를 더 넓고 깊게 만들었다. 나는 상처에 함몰되지 않고, 그 상처를 자양분으로 삼아 더 큰 사랑과 의미를 찾아가고 있다. 상처는 나를 성장시키는 원동력이자, 나를 더 깊은 사랑으로 이끄는 나침반이다. 결국, 상처를 어떻게 받아들이느냐에 따라 우리는 더 성숙한 존재가 될 수 있다.

자! 더 크고 아름다운 에픽(Epic)을 써 내려가 보자! 우리의 마지막 막은 반드시 아름다울 것이고, 상처는 그 아름다움을 더욱 빛내줄 자양분이 될 것이다!

마음 기지개

어떤 형태이든 어려움과 고통에서
예외인 인간은 없습니다.
평안의 사람이란
고통에서 해방된 자가 아닌
고통을 해석한 자입니다.

🌿 상실의 학교

인생의 행복은 내게 일어난 사건에 대한 해석의 능력으로 행복과 불행이 결정되어진다. 무슨 일이 일어났는지는 중요하지 않다. 일어난 그 일이 지금 내게 어떤 영향을 주는지가 매우 중요하다. 지난 일들을 생각해 보자. 내가 그때 그 사람을, 그 일들을, 그 순간을 만났기 때문에 지금의 내가 있는 것이다.

오늘이란 시간은 내가 지나온 과거의 순간이 빚은 결과물이다. 그래서 우리들의 지난 과거의 방황은 곧 오늘 현재 나의 방향이 된 것이다. 길을 자주 잃어버리는가? 언젠가는 그 길을 외우게 될 것이다.

상실이 곧 삶의 학습이다. 우리는 잃어버리는 상실 속에서 결실을 보는 존재들이다. 삶의 여정 속에서 우리는 잃어버림과 상실을 반복한다. 하지만 그 상실의 순간들이 바로 우리의 현재와 미래를 만들어

가는 길라잡이가 된다. 새로운 방향을 찾아간다는 것은 상실에 대한 방향 조정이다. 단순히 잃어버림이 아니다. 그것은 우리에게 더 큰 결실을 안겨주는 배움의 시간이다.

우리가 겪는 상실은 다양한 모습으로 찾아온다. 건강을 잃으면 운동의 중요성을 깨닫고, 배우지 못한 기회를 잃으면 늦은 나이에 다시 학업에 도전하기도 한다. 사랑하는 이를 잃으면 남아 있는 사람들을 더 깊이 사랑하게 된다. 그렇게 우리는 상실 속에서 결실을 보는 존재들이다. 상실의 아픔은 단지 고통스러운 기억으로만 남는 것이 아니라, 우리를 더 성숙하고, 더 넓은 시야를 가진 사람으로 변화시킨다.

살아온 모든 순간이 숨이 막힐 정도로 힘들었다면, 그것은 당신이 상실 속에서 무엇인가를 배우고 있다는 증거이다. 세상에 나 혼자만 불행하다고 생각했던 그 순간들이 있었는가? 앞날은 어둡고, 아무 희망도 보이지 않았던 시간이 있었는가? 그저 잠만 자고 싶고, 사람을 만나기가 두려웠던 순간들이 있었을 것이다. 그렇다면, 당신은 이미 상실의 학교에서 우수한 장학생이 되었다.

우리는 가난 속에서 절제를 배우고, 아픔 속에서 인내를 배운다.

무명함 속에서 겸손을 배우고, 상실 속에서 진정한 사랑을 배운다. 우리가 겪는 고통과 아픔은 그 자체로 끝나는 것이 아니다. 그것은 더 깊은 성찰을 불러일으키고, 우리를 더 향기로운 존재로 만든다. 척박한 땅일수록 향기 좋은 꽃이 피어나는 법이다. 그래서 상실의 아픔을 겪은 사람은 그로 인해 더 아름다운 향기를 발할 수 있다.

당신이 겪은 상실은 다른 사람에게 고통을 주는 것이 아니라, 그들의 아픔을 이해하고 공감하는 능력을 키운다. 고통과 아픔을 아는 사람은 타인에게 그 고통을 반복하지 않는다. 상실 속에서 성장한 사람은 오히려 더 많은 사랑과 이해를 품고, 타인에게 다가간다. 당신이 겪은 잃어버림은 결국 당신에게 더 깊은 사랑을 찾아줄 것이다.

꽃은 결코 쉽게 피지 않는다. 겨울 내내 두꺼운 땅을 뚫고 나와야만 봄에 비로소 그 아름다움을 드러낸다. 그 꽃이 피기까지 수천, 수만 번의 시도와 인내가 필요하다. 당신이 겪은 상처 역시 그와 같다. 아무리 두꺼운 땅이라도, 꽃은 결국 그 틈을 찾아내고 피어난다. 그 꽃은 단지 아름다움만을 드러내는 것이 아니다. 그 안에는 인내와 끈기, 그리고 고통 속에서 얻은 깊은 깨달음이 담겨 있다.

당신은 그 고통을 딛고 일어서며, 자신만의 꽃을 반드시 피워낸다. 그 꽃은 단순히 당신만을 위한 것이 아니라, 누군가에게 다가가는 소통의 꽃이 될 것이다. 당신의 상처는 단지 고통으로 끝나는 것이 아니라, 그 고통 속에서 더 큰 의미를 찾아가는 여정이다.

삶 속에서 우리는 상처를 피할 수 없다. 하지만 그 상처를 통해 어떻게 성장할지는 우리의 선택에 달려 있다. 상처 속에 갇혀버릴 수도 있지만, 그 상처를 딛고 일어나 더 아름다운 꽃을 피울 수도 있다. 상처는 우리를 약하게 만드는 것이 아니라, 오히려 더 강하게 만드는 힘이다.

당신의 삶에서 상처는 피할 수 없는 부분일지라도, 그 상처가 당신의 모든 것을 물들게 하지는 않을 것이다. 상처는 단지 당신의 삶의 한 부분일 뿐이며, 그 상처를 통해 우리는 더 크고, 더 깊은 의미를 찾아가게 된다. 상처 속에서 피어난 꽃은 그 자체로 지지 않는 향기가 된다. 당신의 상처는 결국 누군가에게 위로가 되고, 그 상처 속에서 당신은 더 깊은 소통의 꽃으로 다가가게 될 것이다.

아프지 않고 피는 꽃은 없다. 그 상처를 딛고 피어나는 꽃은 더 아름답고, 더 향기롭다. 당신이 겪은 모든 상처와 아픔은 결국 당신을 더 강하고 아름다운 존재로 만들었다. 당신이 겪은 상실과 상처는 당신을 더 깊이 성장하게 했고, 그 성장의 과정에서 당신은 더 큰 사랑과 이해를 품게 되었다.

삶은 때로 고통스럽고, 상처는 우리를 힘들게 하지만, 그 상처 속에서 피어나는 꽃은 그 모든 고통을 잊게 할 만큼 아름답다. 당신은 그 꽃을 피워냈고, 그 꽃은 단지 당신만의 것이 아니다. 그것은 다른 이들에게도 닿을 것이다. 당신의 상처는 당신을 더 향기로운 존재로 만들었고, 그 향기는 반드시 더 먼 곳까지 퍼질 것이다.

당신이 겪은 상실의 아픔은 당신을 더 강하고, 더 아름다운 존재로 만들었다. 그 상처 속에서 당신은 더 깊은 사랑을 배우고, 그 사랑을 통해 당신은 더 큰 꽃을 피워냈다. 상처는 우리의 끝이 아니라, 또 다른 시작이다. 상처 속에서 피어난 꽃은 결국 더 오래, 더 멀리 그 향기를 퍼뜨릴 것이다.

상처 속에서 피어난 꽃은 그 고통을 딛고 일어선 강인함을 상징한다. 그 꽃은 지지 않는 향기가 되어, 우리의 삶을 더 깊고, 더 아름답게 물들인다. 당신이 겪은 상처는 그 자체로 끝나는 것이 아니라, 더 큰 사랑과 이해를 위한 여정의 일부였다. 그 상처 속에서 피어난 당신의 꽃은 절대 지지 않을 것이다.

오늘 당신은 유난히 더 향기롭다!

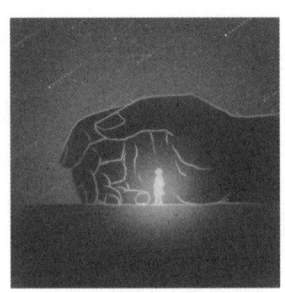

마음 기지개

어제는 어제입니다.
어제의 기억으로 오늘을 살지 맙시다.
오늘은 어제로부터 빼앗길 수 없는 유일함입니다.
지나간 바람은 차지 않습니다.

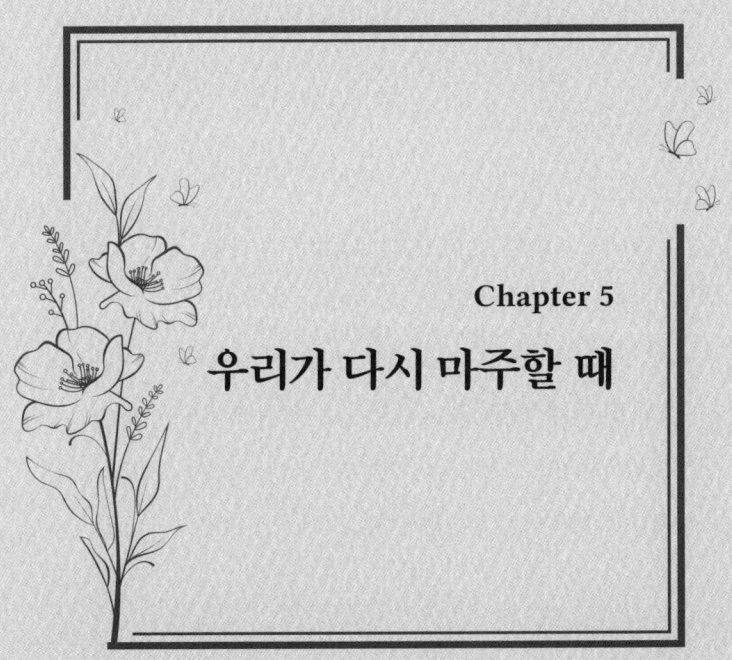

Chapter 5

우리가 다시 마주할 때

🍃 행복하고 싶은가?

행복이란 무엇일까?

우리는 모두 행복을 원한다고 말하지만, 그 실체는 종종 모호하다. "나는 정말 행복하고 싶은가, 아니면 단지 행복해 보이고 싶은가?"라는 질문은 시대를 관통하는 깊은 성찰을 요구한다. 특히 현대의 SNS 문화를 바라보면, 우리는 타인의 시선 속에서 행복을 정의하고 있지는 않은지 의문이 든다. 타인의 인정이 필요해 보이는 수많은 사진과 게시물 속에서 과연 진정한 행복은 어디에 있는 걸까?

행복을 보여주고 싶다는 마음은 인간의 본능일지 모른다. 하지만 그 욕구가 지나쳐 '행복해 보이는 것'이 진짜 행복을 추구하는 것을 앞서게 된다면, 우리는 어느 순간 타인의 기대에 맞춘 삶을 살게 될 위험이 크다. SNS에 올라오는 반짝이는 일상 사진들, 그 뒤에는 정말 웃고 있는 얼굴이 있을까? 아니면 그저 타인의 '좋아요'를 받아내기 위한 포즈일 뿐일까?

사람들은 끊임없이 SNS에서 '좋아요'를 갈구한다. 하지만 그 숫자가 우리의 행복을 정의해 줄 수 있을까? 누군가의 인정이 없으면 나는 행복하지 않은 걸까? 누군가의 기대에 맞추어야만, 그 눈에 비친 내 모습이 아름다워야만 나는 행복한 것일까?

타인의 인정을 통해 행복을 정의하는 사람은 끝없이 외부의 시선을 의식해야 한다. 행복이란 것은 남에게 보여주는 것이 아니라, 스스로 느끼고 선택하는 것임을 잊지 말아야 한다. 우리가 타인의 기대에 맞춰 웃음을 짓고, 그들의 기준에 따라 행복을 측정하는 순간, 우리는 진정한 자신의 행복과 멀어지기 시작한다.

타인의 인정을 얻기 위해 자신을 꾸미고, 완벽한 모습으로 포장하는 일이 과연 얼마나 지속될 수 있을까? 그럴수록 우리는 행복해 보일지 몰라도, 진정한 행복은 점점 멀어져만 간다. 결국 행복이란 타인이 아닌, 오롯이 나 자신에게서 찾아야 하는 것이다.

행복은 우리에게 주어지는 선물이 아니다. 그것은 스스로 선택하고, 만들어 가는 것이다. 사람들은 종종 '행복은 언젠가 나에게 찾아오겠지'라는 막연한 기대를 품고 살아간다. 그러나 그 행복이 언제 오는지는 중요하지 않다. 중요한 것은, 바로 오늘 내가 행복하기로 선택할 수 있느냐는 것이다.

우리가 행복을 먼 미래에 놓아두고 그날이 오기만을 기다린다면, 지금, 이 순간에 소중한 행복을 놓칠 수밖에 없다. 우리는 행복을 언제든 선택할 수 있는 능력을 갖추고 있다. 그것은 내가 갖고 있는 것들, 이루어 낸 것들, 또는 주변의 사람들에게서 오는 것이 아니다. 행복이란 지금, 이 순간 내가 그것을 마음으로 받아들이는 결심에서 시작된다.

한번 상상해 보자. 내가 80세가 된 어느 날, 갑자기 초자연적인 힘이 나에게 찾아와 30년을 되돌려 50세로 돌아갈 기회를 준다면 어떻게 할까? 아마 그 순간, 나는 세상을 다시 마주하는 눈빛이 완전히 달라질 것이다.

80세의 나의 시선으로 본다면, 50세의 나는 그동안 놓쳐버린 시간, 후회스러운 선택들에 대한 기회를 다시 잡을 수 있는 '새로운 시작'처럼 보일 것이다. 이제는 무엇이든 이룰 수 있다는 자신감과 다시는 시간을 헛되이 보내지 않겠다는 굳은 다짐이 함께할 것이다.

만약 50세의 중년이 다시 20세로 돌아갈 수 있다면? 그 순간이야말로 설명이 필요 없는 기회일 것이다. 청춘의 모든 가능성과 미완성의 열망 속에서 다시 한번 삶을 새롭게 그려볼 기회이니 말이다.

그렇다면 오늘을 살고 있는 '지금'의 나는 어떠할까? 내가 오늘 겪고 있는 이 순간이 사실은 80세의 나에게는 가장 돌아가고 싶은 '행복의 시간'일지도 모른다. 50세가 된 미래의 내가 지금, 이 순간을 얼마나 그리워하게 될까?

결국 오늘이라는 시간은 우리가 누리는 가장 큰 축복이자 선물이다. 그 어느 때보다 소중한 이 순간이 바로 우리의 인생에서 가장 빛나는 행복일 것이다. 그러니 오늘을 살아가는 우리는 그 어떤 것과도 바꿀 수 없는 이 순간의 가치를 느끼고, 후회 없이 누려야 한다. 오늘이 곧 우리가 그토록 찾고 싶은 행복이다.

행복을 선택하는 것은 내가 가진 것이나 외부 조건에 좌우되지 않는다. 돈이 많아야 행복한 것도 아니고, 집이 커야 행복한 것도 아니다. 그것들은 우리에게 편리함을 줄 수 있을지는 몰라도, 궁극적으로 마음의 평화나 진정한 행복을 주지는 않는다. 행복은 우리 마음속에 있는 소박한 기쁨을 발견하는 데서 시작된다.

행복은 소유가 아닌 관계에서 비롯된다. 아무리 많은 것을 소유하더라도, 함께 나누고 교감할 사람이 없다면 그 행복은 공허할 수밖에 없다. 인간은 본질적으로 사회적 존재이기 때문에, 혼자서 행복할 수 있는 사람은 많지 않다. 행복은 나와 다른 사람들 사이의 관계 속에서 피어난다. 내가 사랑하는 사람, 친구, 가족, 그리고 내 주변에 있는 모든 사람과의 따뜻한 관계가 진정한 행복의 씨앗이다.

우리는 흔히 소유의 크기로 행복을 측정하지만, 그것은 착각일 뿐이다. 진정한 행복은 물질적인 것이 아닌, 정서적이고 영적인 관계에서 비롯된다. 내 곁에 있는 사람들에게 얼마나 사랑과 따뜻함을 전할 수 있는가, 그들과 어떤 순간을 공유할 수 있는가가 진정한 행복의 척도이다. 그들이 나에게 주는 행복 또한 무시할 수 없는 요소이다.

행복은 고립된 개인의 상태가 아니다. 행복은 나 혼자만의 것이 아니라, 내 주변 사람들에게 전해지고, 그들의 행복을 통해 다시 나에게 돌아오는 순환적인 에너지이다. 그래서 우리는 내 곁의 사람들에게 행복을 전해야 한다. 그것이 바로 행복을 지속시키고, 더 크게 만드는 비결이다.

행복해 보이기 위해 꾸미고 포장하는 것은 일시적인 만족감을 줄 수 있을 것이다. 하지만 그것은 진정한 행복이 아니다. 행복은 남에게 보이는 것이 아니라, 스스로가 진심으로 느끼는 감정이다. 남의 시선에 맞춰 나를 꾸미고, 남의 기준에 따라 내 삶을 평가하는 것은 내 행복을 남에게 맡기는 것과 다르지 않다.

우리는 남의 기준에 맞춘 삶을 살 필요가 없다. 내가 행복한 기준은 나 스스로 정해야 한다. 타인의 기대나 요구가 아니라, 내가 진정 원하는 삶을 살아가는 것이 중요하다. 행복은 나만의 선택이고, 나만의 책임이다. 그러니 이제 타인의 시선에서 벗어나, 오로지 나 자신을 위한 행복을 찾아야 한다.

우리는 매일 같이 행복을 선택할 기회를 가진다. 행복은 거창한 목표가 아니다. 그것은 오늘 하루의 소소한 기쁨 속에서 시작된다. 커피 한 잔의 따뜻함, 햇살에 반짝이는 나뭇잎, 친구와의 대화 속에서 웃음을 나누는 순간들이 곧 행복이다. 그러한 순간들을 놓치지 않고 소중히 여길 때, 우리는 비로소 행복한 삶을 살게 된다.

우리는 흔히 행복이란 먼 미래에 도달해야만 얻을 수 있는 것이라고 착각한다. 그러나 행복은 그런 먼 곳에 있는 것이 아니다. 행복은 매일의 순간 속에, 나와 내 곁의 사람들 속에 이미 존재한다. 우리가 할 일은 그 행복을 선택하고, 마음으로 받아들이는 것뿐이다. 영국 철학자 러셀은 "행복은 의미 있고 만족스러운 삶의 부산물이지 행복 그 자체를 직접 추구할 수 있는 대상이 아니다"라고 말했다.

행복하고 싶은가? 그렇다면 지금, 바로 이 순간에 행복을 선택하라. 타인의 기대와 시선에서 벗어나, 오로지 자신만의 기준으로 행복을 정의하고, 그 행복을 마음속 깊이 받아들이자. 행복은 거창한 것이 아니라, 매일의 작은 선택이 모여 이루어진다. 자! 진지하게 질문하겠다. 자신에게 답을 해보자.

나는 행복하고 싶은가? 행복해 보이고 싶은가?

마음 기지개

대부분의 불행은 사소한 것에 대한 집착이고
대부분의 행복은 사소한 것에 대한 감사입니다.
작은 것을 크게 보고
큰 것을 작게 보는 지혜가 됩시다.

🌿 바다는 비에 젖지 않는다

바다는 늘 그 자리에 있다. 수많은 빗방울이 쏟아져 내려도, 바다는 결코 그 모습이 변하지 않는다. 오히려 그 모든 비를 받아들여 더 깊고 넓은 품으로 존재를 확장하고 아무리 폭우가 쏟아져도 자신의 본질을 잃지 않는다. 우리는 삶에서 얼마나 많은 어려움과 고난, 걱정의 비를 맞고 있을까? 그러나 그 비가 내 삶 전체를 젖게 만들 수는 없다. 우리가 자신이 넓고 깊은 존재가 된다면, 그 비는 그저 스쳐 지나갈 뿐이다. 바다는 결코 비에 젖지 않는다.

나에게 먹을 음식이 있고, 걸칠 옷이 있으며, 쉴 수 있는 곳이 있다면, 이미 세상 사람들의 55%보다 더 부유한 삶을 살고 있다는 것이다. 게다가 쓸 수 있는 돈이 있고, 여행을 떠날 수 있는 여유가 있다면, 세계 인구 중 상위 8%에 속하는 축복받은 사람이다.

그리고 지금 살아 숨 쉬고 있다면, 건강하든 그렇지 않든, 이번 주에 세상을 떠난 수백만 명의 사람들보다 훨씬 더 큰 축복을 받은 사람이다. 우리가 이렇게 이 글을 읽고 이해할 수 있다는 것 또한 특별한 행운이다. 세상에는 시력을 잃거나 문자를 읽지 못하거나, 지식에 대한 접근이 막혀 있는 5억 명이 넘는 사람들이 있으니 말이다.

삶은 불평과 불만으로 채워져 있는 고통의 연속이 아니다. 오히려, 감사할 수 있는 수많은 이유가 우리를 둘러싸고 있다. 우리가 이를 깨닫고, 그 감사함을 느끼며 살아가는 것이야말로 진정한 삶이다.

나의 지인 중에는 환경미화원을 직업으로 갖고 계신 분이 있다. 평생을 가족을 위해 새벽 3시에 일어나서 마을 전체를 트럭을 타고 음식물 쓰레기며 분리수거용 쓰레기들을 치우는 일들을 비가 오나 눈이 오나 멈추지 않고 하신다. 평생을 무거운 짐들을 옮기고 치우느라 허리 디스크 수술을 수없이 하였지만 그의 입술에서는 이런 말을 내게 전해왔다.

"더운 여름 온몸에 땀띠가 나고 아프리카 사람처럼 새카맣게 타고 겨울은 온몸이 동상에 걸려 손발에 마비가 와도 이 모든 일이 행복 그 자체네요. 일할 수 있다는 것만으로 행복합니다. 제가 이렇게 행복한 삶을 삽니다."

그리고 어느 날 그 지인분이 나에게 동전이 가득 담긴 돼지 저금통을 보내오셨다. "부끄럽지만 제가 조금씩 아끼면서 모은 돈입니다. 저보다 더 어렵고 힘든 이들을 위해서 사용해 주세요." 그의 사랑은 난치병 어린이를 위한 수술비의 일부로 의미 있게 사용하였다. 그것은 단지 동전이 아니라 그의 눈물이며 삶이었다.

잘 먹고 잘살고자 하는 것이 많은 사람의 소원이지만, 잘 살아내고자 하는 것은 오직 소수의 염원이다. 우리는 생존을 넘어, 진정한 삶을 살아내기 위한 길을 찾아야 한다. 단순히 숨 쉬며 하루하루를 버티는 것이 아니라, 우리가 가진 것을 충분히 인식하고, 그 안에서 감사함을 느끼며 살아가야 한다.

바다와 같은 삶을 사는 것은 어떤 모습일까? 사람들은 바다가 모든 것을 품어주기 때문에 그 넓은 품을 바다라 부른다고 했다. 아무리 많은 강이 흘러들어도, 폭풍우가 몰아쳐도, 바다는 그 모든 것을 고요하게 받아들인다.

우리의 삶도 마찬가지다. 굶주렸던 경험이 있기에 배고픈 이의 허기를 보며 공감할 수 있고, 울었던 날들이 있었기에 슬픔에 잠긴 이의 애통함을 헤아릴 수 있다. 아픔을 겪었기에 병든 이의 고통을 이해하고 그들의 마음을 들여다볼 수 있는 것이다.

내 어제의 아픔은 단순히 고통으로 남지 않는다. 그 상처의 강물이 흘러 오늘의 넓고 깊은 바다가 되었다. 그 바다는 내가 겪었던 고난과 눈물이 모여 쌓인 것이다. 그리고 그 바다의 향기는 타인의 아픔을 감싸 안는 위로가 된다.

바다처럼, 우리는 삶의 모든 것을 받아들이고 품어내는 존재가 되어야 한다. 그렇게 할 때, 우리의 어제는 오늘의 의미로, 그리고 누군가에게 다가가는 치유의 바다가 된다.

바다처럼, 우리는 삶의 비를 맞으면서도 젖지 않는 법을 배워야 한다. 우리 안에 이미 채워진 감사함과 풍요로움을 인식하고, 그 속에서 평온을 찾을 때, 삶의 어떤 폭풍도 우리를 휘어지게 할 수 없다.

삶을 바라보는 시각을 바꿀 때, 우리가 가진 것들이 얼마나 소중한지, 그리고 그 안에서 얼마나 많은 행복을 찾을 수 있는지 깨닫게 될 것이다.

마음 기지개

무수히 내린 고난의 비가 모여

아픔과 상처가 아닌 가치와 성장이 되고

내가 드넓어지는 마중물이 되었습니다.

바다는 비에 젖지 않습니다.

인생은 먼 길 걷기

 물고기도 익사할 수 있다. 우리가 흔히 말하는 참치인 다랑어는 물속에서 멈추면 죽는다. 평생 헤엄쳐야 하는 이유는 아가미에 근육이 없어 스스로 아가미를 여닫아 호흡할 수 없기 때문이다. 그래서 참치는 입을 약간 벌리고 계속 움직이며 바닷물이 산소 흡수 기관과 아가미덮개를 통과하도록 해야 한다. 그렇기에 헤엄을 멈추면 질식사하게 된다. 참치는 평생을 시속 100km로 헤엄쳐야 하는 물고기이다.

 그런 의미에서 보면 사람은 참으로 다행스럽게도 행복한 존재가 아닌가? 내 의지대로 걷거나 뛰고 멈출 수도 있으니 말이다. 사람은 참치처럼 물속에서 헤엄쳐야만 살아남는 존재는 아니다. 우리는 언제든 멈추고, 쉬며, 다시 방향을 찾을 수 있는 선택권을 가지고 있다. 하지만 현실 속에서 우리는 자신을 참치처럼 여긴다.
 무작정 앞을 향해 달리고, 멈추면 무언가를 잃어버릴 것만 같아 두려워한다. 마치 멈추는 순간 실패자가 될 것처럼 느끼며, 자신의 목표를 향해 끝없이 질주한다. 그 과정에서 중요한 것은 잊혀간다. 내가 왜 달리고 있는지, 무엇을 얻으려고 하는지, 그리고 무엇을 잃고 있는지는 뒤로 밀려난 채 그저 달리기만 한다.

하지만 인생은 천천히 걸어가도 괜찮고, 잠시 쉬어가도 괜찮다. 길은 언제나 거기 있다. 중요한 것은 그 길을 어떻게 걷느냐이다.

다른 사람들의 화려하고 멋진 신발이 내 눈길을 끌겠지만, 결국 가장 오랜 시간 편하게 걸을 수 있는 것은 나에게 맞는 신발이다. 남들이 신는 신발이 아무리 좋아 보이더라도, 내 발에 맞지 않으면 그 신발은 결국 나를 아프게 할 뿐이다. 그러니 남의 기준이 아닌 나의 기준에 맞는 신발을 고르고, 그 신발로 나만의 속도로 걸어가야 한다.

세상은 우리에게 끊임없이 무언가를 요구하고, 우리는 그 요구에 부응하기 위해 달려간다. 그 과정에서 우리가 놓치고 있는 것들은 무엇일까? 물고기가 물의 소중함을 모르듯이, 우리는 너무나 당연하게 여겨지는 것들을 잊고 지낸다.

숨을 쉬는 것, 먹을 것을 얻는 것, 쉴 곳이 있다는 것이 얼마나 큰 축복인지 깨닫지 못한 채, 늘 부족하다고 느끼며 더 많은 것을 얻으려 한다. 하지만 멈추지 않고 달리기만 한다면, 우리는 삶의 진짜 의미를 놓쳐버리게 된다.

때로는 뒤를 돌아볼 필요가 있다. 내가 달려온 길을 돌아보고, 그 길에서 소중한 것들을 놓치지 않았는지 확인하는 시간이 필요하다. 인생은 목적지가 중요한 것이 아니다. 중요한 것은 방향이다. 내가 어디를 향해 가고 있는지, 그 길이 진정 나를 행복하게 만들고 있는지 물음이 필요하다. 아무리 큰 성공을 손에 쥐더라도, 그 과정에서 진짜 중요한 것들을 놓쳐버렸다면, 과연 그 길이 성공적인 인생일까?

내 옆에 있는 사람들을 놓치지 않고, 나의 사랑이 필요한 사람들에게 마음을 전하며 걸어야 한다. 어느 날 내가 뒤를 돌아봤을 때, 그 길이 아름다운 추억들로 가득 차 있기를 바란다.

너무 늦기 전에, 중요한 것을 잃기 전에, 지금, 이 순간 뒤를 돌아보고 내가 가는 길을 점검하는 것이야말로 인생의 먼 여정에서 가장 소중한 일이 될 것이다. 인생의 길은 늘 앞을 향해 나아가는 것만이 아니다. 오히려 지금 내 앞에 놓인 순간들이 쌓여 미래의 방향을 결정짓는다.

목표만을 향해 달리는 대신, 그 길 위에서 만나게 되는 풍경과 사람들을 소중히 여기며, 그들과 함께 걸어가 보자. 그것이야말로 인생이라는 긴 여정에서 진정한 행복을 찾는 방법일 것이다.

마음 기지개

눈앞의 이익이나 결과에 연연치 맙시다.
인생을 행복하게 가려면
예쁜 신발이 아니라
편한 신발을 신어야 합니다.
인생은 먼 길 걷기입니다.

🍃 겨울은 봄을 이기지 못한다

인생의 길 위에서 우리는 수많은 계절을 맞이하고, 변화하는 풍경을 마주하며 걸어간다. 그 길은 늘 순탄치만은 않다. 때론 고된 비바람이 몰아치고, 차가운 겨울이 찾아오기도 한다. 하지만 그 모든 것을 견디며 걸어가야만 인생의 참된 의미를 발견할 수 있다.

세상을 살다 보면, 많은 사람이 상처를 받았다고 이야기한다. 그러나 정작 자신이 상처를 주었다고 말하는 사람은 찾기 힘들다. 상처는 늘 받는 쪽에서만 생기는 것이 아니라, 주고받는 관계 속에서 만들어지는 것이다. 그러나 상처를 주는 사람은 자신의 행동을 쉽게 인식하지 못하고, 그 상처는 오롯이 받은 사람의 몫이 되어 마음속에 남는다.

우리는 관계의 겨울을 만날 때, 그 추운 계절에 자신을 닫아걸고 싶을지도 모른다. 하지만 그 겨울 속에서 가장 먼저 피어나는 것은 차가운 땅을 뚫고 올라오는 작은 새싹이다. 우리의 마음도 마찬가지다. 얼어붙은 관계 속에서 가장 먼저 변화할 수 있는 것은 내 마음이다. 우리는 종종 '왜 나만 참아야 하는가?'라고 묻는다. 왜 나만 고통을 감수하고, 나만이 상처를 감내해야 하는 것인지 이해할 수 없을 때가 많다. 그러나 힘이 없어서 지는 것은 약한 것이지만, 힘이 있는데도 져 주는 것은 사랑이다.

사랑은 모든 힘을 다 쓰지 않는다. 온갖 힘을 다 써가며 상대를 이기려고 하지 않는다. 사랑은 상대를 위하고, 그 아픔을 이해하고 감싸는 데 있다. 우리가 지혜로운 사람이 되려면, 스스로가 상처였음을 깨닫고 상대의 아픔 속에 잠기는 법을 배워야 한다. 그것이 진정한 사랑이며, 겨울의 길을 녹일 수 있게 만드는 힘이다.

인생의 관계적 겨울은 늘 우리를 시험한다. 아무리 매서운 겨울이 찾아와도, 그 겨울을 이길 수 있는 것은 결국 봄의 따스함이다. 봄은 겨울의 한기를 녹이고, 그 얼어붙은 땅에서 새 생명을 피어나게 한다. 겨울이 아무리 길어도 봄은 찾아오고, 그 힘 없는 새싹이 땅을 깨뜨려 내듯이, 우리의 마음도 결국 변화하고 성장할 것이다.

낙수에 바위가 뚫리고, 바람에 산이 깎이는 법이다. 아무리 작은 것이라도 꾸준히 계속되면 큰 변화를 만들어 낸다. 내가 지금 약하고 힘이 없어 보일지라도, 한 걸음 한 걸음 걷는 그 방향성이 결국에는 모든 어려움을 이겨낼 것이다. 때로는 그 길이 너무 멀고 험난하게 느껴질지라도, 우리는 그 길을 끝까지 걸어갈 힘이 있다. 내가 가진 작은 힘으로도 충분히 그 길을 걸어갈 수 있다는 믿음이 필요하다.

우리 모두는 조금씩은 부서진 존재들이다. 삶을 살아가며 우리는 많은 상처를 받고, 그 상처 속에서 때로는 모난 돌처럼 날카로워지기도 한다. 그러나 그 부서짐이 다른 사람에게 상처가 되어선 안 된다. 오히려 그 부서진 자리가 다른 이에게 따스한 위로가 되고, 이해와 공감을 나누는 자리가 되어야 한다. 내가 부서진 자리를 닦아내고 빛나게 하는 것은, 결국 나 자신을 위한 일이다. 나는 그런 힘을 가진 사람이고, 그 힘을 통해 다른 이들을 감싸 안을 수 있다.

우리는 어제의 그르침을 통해 오늘의 가르침을 얻는다. 지나간 후회 속에서 머무는 대신, 그 후회가 새로운 기회가 되도록 바꾸는 것이 필요하다. 어제의 실수와 실패는 오늘을 살아가는 나에게 더 큰 지혜와 성장을 가져다준다. 이제는 후회에 머물지 말고, 자신을 용서하며 새로운 기회를 만들어 가야 한다. 마치 얼어붙은 땅을 두드려 기어코 그 땅을 깨뜨리는 새싹처럼, 우리는 자신의 본질을 꽃피우는 봄을 맞이해야 한다.

인생은 결국 사랑으로 완성되는 길이다. 사랑은 자신을 채워가는 것이 아니라, 상대에게 주며 함께 완성되는 것이다. 그 사랑이 나를 통해 흘러나와 다른 이들의 상처를 감싸고, 그들로 하여금 다시 일어설 힘을 얻게 하는 것이다. 그렇기에 우리의 삶은 고통 속에서도 희망을 찾고, 상처 속에서도 성장을 이루는 여정이어야 한다.

인생에서 우리는 수많은 어려움과 시련의 계절을 만날 것이다. 그 과정에서 상처를 주고받으며, 때로는 외로움 속에 머무를지도 모른다. 그러나 그 모든 것을 지나고 나면, 결국 우리는 자신의 진정한 모습을 발견하게 된다. 그때 비로소 깨닫게 될 것이다. 우리의 부서짐이 나를 강하게 만들고, 그 강함이 다른 이들에게 사랑을 전할 수 있는 힘이 되었음을.

그 계절의 끝에서 만나는 모든 순간들이 나를 더 단단하게 만들고, 그 단단함 속에서 새로운 삶의 의미를 발견하게 된다. 결국 그 추운 계절이 나를 알아갈 수 있었던 가장 소중한 선물이 될 것이다.

아무리 겨울이 길어도, 봄은 반드시 온다. 내가 지닌 사랑과 희망이 결국 그 모든 어려움을 이겨낼 것이다. 다시 피어나는 봄처럼 끊임없이 성장하고, 그 길을 함께 걷는 이들과 사랑을 나누며 살아갈 것이다. 나는 그런 지지 않는 봄이다!

마음 기지개

겨우내 언 땅을 두드리며

조용히 딛고서는 새싹처럼

가진 힘은 없어도 존재가 힘이 됩시다.

나는 그런 봄입니다.

깊어진 마음 넓어진 시선

　세상을 살아가면서 우리는 때때로 마음의 혼돈에 빠진다. 쉴 새 없이 밀려오는 생각과 감정들이 마치 바람에 휘날리는 나뭇잎처럼 우리를 흔든다. 그럴 때일수록 우리는 마음을 가다듬고, 내면의 고요함을 찾을 필요가 있다. 마음이 깊어지면 삶의 시선도 자연스레 넓어지기 때문이다.

　우리가 살고 있는 세상은 때로는 냉혹하고, 때로는 불확실하다. 그러다 보니 감정에 휘둘리거나 부정적인 생각에 사로잡히기 쉽다. 그런데 마음의 면역력을 잃지 않기 위해서는 부정적인 생각과 감정에 반항하는 용기가 필요하다. 생각이 부정으로 가득 차 있을 때, 그것을 끌어안고만 있으면 마음은 탁해지고 무거워진다. 그러므로 우리는 늘 마음을 환기해야 한다. 마음의 공기를 정화해야, 비로소 더 맑아지고, 맑아진 마음은 삶을 더욱 깊이 이해하게 된다.

마음의 고요함 속에서 우리는 삶의 본질을 볼 수 있다. 고요해야만 더 맑아지고, 맑아져야만 더 밝아진다. 그리고 밝아졌을 때, 우리는 비로소 세상의 진정한 모습을 볼 수 있게 된다. 마음의 소란을 잠재우고 고요함을 찾을 때, 우리는 더 큰 시야로 세상을 바라볼 수 있다. 그 시야가 넓어질수록, 세상은 더 이상 좁고 제한된 곳이 아니라 무한한 가능성이 있는 곳으로 다가온다.

　이 세상에는 수많은 지혜와 가르침이 넘쳐난다. 좋은 책도, 좋은 말도 가득하다. 하지만 중요한 것은 그것을 아는 것만으로는 충분하지 않다는 사실이다. 아무리 좋은 지식을 쌓고, 좋은 말을 새겨도, 그것을 실천하지 않는다면 그저 허울뿐인 것이다. 삶의 기본을 지키고, 마음을 다스리는 것이야말로 가장 중요한 일이다. 그것이 시시해 보일지 몰라도, 결국 그 기본이 모든 것의 기초가 된다.

　마음을 다스리지 않으면 삶을 다스릴 수 없다. 마음을 깊게 다스리는 사람만이 타인의 마음을 보듬어 줄 수 있다. 타인의 마음을 제대로 보듬지 못한 관계는 그저 아침 안개처럼 허무할 뿐이다. 안개를 아무리 모은들 그것이 자신이 될 수는 없다. 감정만을 주고받는 관계가 아닌, 진정한 마음을 나누는 관계가 되어야 한다. 마음을 나누기 위해서는 내 마음이 먼저 건강하고, 맑아야 한다. 그러기에 마음의 면역력과 환기는 언제나 중요하다.

우리는 겉모습에 휘둘리는 세상에서 살고 있다. 외모나 물질적인 성공에 집착하는 사회 속에서, 진정 중요한 것은 내면의 깊이와 아름다움이다. 겉모습을 아무리 화려하게 꾸며도, 내면이 부실하다면 그것은 결국 겉치레에 불과하다. 그러나 내면이 단단하고 깊다면, 그 어떤 겉모습도 진정한 멋을 이기지 못한다. 삶은 결국 내면의 내용이다. 우리가 어떤 마음을 품고 살아가느냐에 따라 그 삶의 가치가 결정된다. 그런 사람이야말로 좋은 사람이다.

좋은 사람은 좋은 나무처럼, 깊은 뿌리를 내리고 건강한 열매를 맺는다. 세상에는 너무나도 많은 명언과 좋은 말들이 넘쳐나지만, 그것을 진정으로 살아내는 사람은 그리 많지 않다. 말을 아는 것과 그것을 사는 것은 전혀 다른 차원의 일이다. 좋은 말들을 그저 입으로만 되풀이하는 사람이 아니라, 그 말을 삶 속에서 실천하는 사람이 되어야 한다.

세상의 좋은 말들을 남에게 가르치기 전에, 그것을 먼저 내 삶의 중심에 두어야 한다. 그 가르침을 마음속에 새기고, 그 말을 행동으로 옮길 때 비로소 우리는 말의 도둑이 아닌, 말의 실천자가 된다. 세상의 말들을 훔치듯이 흉내 내는 것이 아니라, 그 말들을 통해 더 나은 존재로 나아가는 것이다. 존재가 좋은 사람이 되는 것, 그것이야말로 진정한 목표다. 뱉은 말은 체현해야만 비로소 내 것이 된다.

희망이란 무엇일까? 희망은 단순히 결과를 기다리는 것이 아니다. 희망은 우리가 올바른 방향을 향해 나아가는 것이다. 비록 우리가 별을 딸 수는 없을지라도, 별을 향해 설 수는 있다. 그 어두운 밤하늘 속에서도 별을 향해 손을 뻗는 것, 그것이 바로 희망이다. 어둠 속에서도 내 마음의 밝음을 잃지 않는 것이 중요하다.

특별한 사람은 태어나면서부터 특별한 것이 아니다. 우리는 특별하게 살아서 특별해지는 것이다. 내가 처한 환경이 아무리 평범하고 혹은 어려울지라도, 그 속에서 특별한 마음을 품고 살아갈 때, 우리는 특별한 사람이 될 수 있다. 나에게 주어진 이 작은 하루, 그 하루를 가장 빛나는 날로 만들 때, 우리는 세상에서 가장 특별한 존재가 된다.

마음이 깊어지면 시야가 넓어진다. 세상을 더 넓은 시선으로 바라보고, 그 안에서 더 큰 가치를 찾아나가는 것이다. 내면이 깊어질수록, 우리는 더 이상 작은 문제에 흔들리지 않는다. 우리의 중심은 견고해지고, 그 안에서 우리는 진정한 평온을 찾을 수 있다.

오늘도 우리는 하루를 살아간다. 그 하루 속에서 때로는 흔들리고, 때로는 넘어질지도 모른다. 그러나 그 순간에도 우리는 내면의 깊이를 잃지 않아야 한다. 마음의 깊이를 유지하며, 더 넓은 시야로 세상을 바라볼 때, 우리는 진정으로 삶을 다스릴 수 있다.

세상의 잔잔한 소음 속에서도 고요한 내면을 유지하는 사람. 그 사람만이 진정으로 세상의 혼돈 속에서도 흔들리지 않는다. 마음이 깊어질수록, 우리는 더 많은 것을 이해하고, 더 많은 것을 품을 수 있게 된다. 마음이 깊고 넓어질 때, 세상의 소란 속에서도 우리는 고요하고, 맑은 시선으로 세상을 바라볼 수 있다.

오늘, 나의 마음은 얼마나 깊어졌을까? 그리고 나는 그 깊어진 마음으로 세상을 얼마나 넓게 바라보고 있을까? 마음이 깊고, 시야가 넓어진 사람은 세상 속에서 더 큰 사랑을 실천할 수 있다. 그 사랑은 곧 세상을 밝히는 별빛이 되어, 더 많은 이들에게 따뜻함을 전하게 될 것이다. 그러니 오늘도 내 마음을 깊게, 그리고 시야를 넓게 가꿔보자. 자! 오늘 가장 빛나는 별이 되어보자!

마음 기지개

때로 나의 삶이 이리 암울한 것은

나의 별을 더욱 빛나게 하기 위함입니다.

삶의 모든 어두움은

별로 가는 밝은 길입니다.

🍃 잃어버린 나를 마주하다

우리는 지금까지 이 책을 통해 자기의 삶에서 경험하는 겨울을 어떻게 따뜻하게 지낼 수 있을지 이야기를 나눴다. 그러나 여기서 제시된 것은 상처를 피해 도망치거나 고통을 잠시 덮어두는 방법이 아니다. 자유란 고통에서 벗어나는 것이 아니라, 그 고통 속에서도 더 이상 그것을 고통으로 여기지 않는 상태에서 비로소 얻게 되는 것이다. 추운 겨울을 회피하거나 외면하려고만 한다면, 언젠가 그 겨울이 다시 찾아올 때 더 큰 상처로 다가올 수밖에 없다.

겨울은 나는 것이지, 없앨 수 있는 것이 아니다. 우리가 할 일은 그 겨울을 나며, 그 안에서 자신의 마음을 따뜻하게 지키는 것이다. 내 마음이 따뜻한 봄날처럼 살아있다면, 외부의 추운 겨울도 나를 얼어붙게 만들 수 없다. 삶의 겨울을 없애려 하기보다는, 그 계절을 잘 살아내는 방법을 찾아야 한다. 그렇게 삶을 살아내면, 결국 봄은 찾아오기 마련이다. 어느 곳에도 예외는 없다. 심지어 북극에도 봄은 온다.

내 곁에 있는 사람을 미워하면 그곳은 지옥이 되고, 가까운 사람을 사랑하면 천국이 된다. 결국 모든 것은 나의 마음에서 출발한다. 그리고 그 마음이 삶의 모든 것을 결정짓는다. 몸은 부지런히 움직이고 있지만, 내 마음은 저 멀리 떨어져 홀로 서 있는 순간을 경험해 본 적이 있는가?

삶의 희망이 방향을 잃는 것만큼 위험한 것은 없다. 희망이 없는 것보다 잘못된 희망을 품고 있는 것이 더 치명적일 수 있다. 그러니 매 순간 내 희망이 올바른 방향으로 향하고 있는지 스스로 점검하는 일이 필수적이다.

우리는 종종 잃어버린 나를 외면하고, 나 자신에게 불친절하게 대한다. 이제는 그 잃어버린 나와 다시 만날 준비를 할 때다. 나를 사랑하고, 따뜻하게 감싸 안아주자. 그동안 자신에게 얼마나 냉정하게 대했는가. 내가 놓친 나를 다시 찾아가, 혼자 울고 있는 내게 "괜찮아, 잘하고 있어"라고 말해주자. 나 자신을 향해 위로의 손길을 내밀고, 더 이상 외면하지 말아야 한다.

삶을 생존으로만 채우는 대신, 생명으로 살아가 보자. 생존이 삶의 전부가 되지 않도록, 그 일부라도 생명력으로 가득 채우는 법을 배워야 한다. 더 나은 마음과 더 깊은 인품을 가질 때, 나는 나아지고, 나아진 내가 세상을 더 나은 곳으로 만든다. 어제보다 오늘 한 발짝이라도 나아갔다면, 이미 세상은 그만큼 더 좋아진 것이다.

이제 나는 예술가다. 고통과 우울, 그리고 가난한 현실 속에서도 그것들을 승화시켜 새로운 가치를 창조할 줄 아는 예술가다. 우리는 어려움을 예술로 바꾸는 사람들이다. 그러니 마음이 젖지 않도록 주의하자. 아무리 어려운 상황에서도 그것을 예술로 전환하는 능력을 잊지 말자.

우리가 잃었다면, 다시 찾을 수 있는 지혜를 가지자. 그리고 찾았을 때는 그것을 잃을 수도 있다는 겸손함을 마음에 새기자. 삶에서 잃어버린 모든 것과 앞으로 찾아야 할 것들을 향해, 더 나은 계절이 되어주자. 그 과정에서 우리는 점점 더 나은 존재로 변해갈 것이다.

지금 내가 실망하지 않기 위해 해야 할 일은 순간의 감정에 지배받지 않는 것이다. 순간적인 감정이 나의 말과 행동을 지배하지 않도록, 차분히 내 경험의 가치를 살펴보자. 감정은 그 순간의 강렬함으로 우리를 이끌지만, 경험은 더 깊은 지혜로 우리를 성숙하게 만든다. 우리는 삶의 포로가 아니라, 삶의 프로가 되어야 한다.

행복은 소유에서 오는 것이 아니다. 오히려 불필요한 것들을 포기할 때 진정한 행복을 얻을 수 있다. 행복은 조건이 아니라, 선언이다. 지금, 이 순간 나는 행복할 것이라고 선언하는 것이다. 그리고 그 선언이 곧 삶의 태도가 된다.

우리는 내일을 위해 오늘을 희생하지 말고, 오늘을 살면서 내일을 품어야 한다. 그렇게 오늘을 충만하게 살면, 우리는 결국 영원과 닿는 삶을 살 수 있게 된다. 삶의 시간은 길이가 아니라 깊이다. 그 깊이를 채우는 사람이 진정으로 풍요로운 삶을 사는 것이다.

자! 이제 잃어버린 나를 마주할 시간이다.
나의 마음을 활짝 열고, 그동안 잊고 있었던 나를 맞이하자.

그리고 나의 삶에 새로운 기지개를 켜자.

마음 기지개

겨울이 길수록 봄꽃을 깊이 만납니다.
삶의 겨울이 너무 길 때
나를 향한 봄날은 시차는 있지만
오차는 없습니다.

못다 한 말

마음 기지개는 무지개다.

비가 와야만 볼 수 있는 무지개처럼.

비에 젖은 마음을 더 아름답게 만들 작은 위로가 되길 바란다.

무지개가 어디서 피어나는지 아는 사람은 아무도 없다.

잔뜩 흐린 비오는 날. 기적과 같이 작은 햇빛 한 점이 내릴 때

무지개는 어김없이 피어난다.

그리고 무지개를 보는 이들은 내리는 비가 아닌

오직 무지개의 아름다움을 기억에 담는다.

무지개의 어원은 물(水)로 만들어진 문(門)이라는 뜻이다.

용비어천가에 나오는 옛말인 '므지게'로,

물의 옛말인 '믈'에서 'ㄹ'이 탈락하고

문을 뜻하는 '지게'와 결합한 말이다.

'물의 문' 참 예쁜 말이다.

기지개도 마찬가지다.

기지개를 켠다는 것은 '기(氣)의 문'을 연다는 것이다.

나의 닫힌 마음을 넓히고 사랑과 행복의 문을 여는 것이다.

그러니 마음 기지개를 켜지 않을 이유가 없다.

비 온 뒤 아름다운 무지개처럼.

살다가 마음의 비가 내리는 당신에게

언제나 이 책이 그런 무지개가 되었으면 좋겠다.

어느 시인의 말이다.

"평범한 것에 높은 의미를.

일상의 것에 신비로운 겉모습을.

잘 아는 것에 모르는 것의 품위를.

유한한 것에 무한한 모습을 주어

나는 그것을 낭만화한다."

당신의 마음 기지개로 삶에

행복과 축복의 무지개가 피어나기를 조용히 응원하겠다.

자신이 울고 싶으면
물고기 눈에서도 눈물을 봅니다.

내가 생각하는 그 세상이
그런 세상으로 됩니다.

아름답게 보고
아름다운 세상이 됩시다.